마흔, 두 번째 스무 살을 준비하다

마흔, 두번째 스무살을 준비하다

중년의
말 못 할 고민에
인문학이
답하다

이현숙 지음

팬덤북스

중년들의
말 못 할 고민에 대하여

　이렇게 될 줄 알았다. 아니, 이렇게 된 줄도 모르고 브레이크
고장 난 자동차처럼 불확실한 세상을 향해 줄곧 내달려 왔다.
배가 나오고, 머리가 성글어지고, 건강 검진 결과가 두려워지
기 시작하면서 '중년'이란 말이 지닌 가혹함에 위축되어 갔다.
　온 세상이 위기란다. 경제가 위기고, 정치가 위기고, 교육이
위기고, 환경이 위기고, 부부가 위기고, 중년도 덩달아 위기다.
세상은 끊임없이 위기를 양산하고, 책임과 의무의 덫에 걸린
중년은 그 위기 속에서 또 다른 위기를 만들어 낸다.

중년이란 무엇인가. 생물학적 능력이 떨어지는 나이, 해야할 일은 많고 여유는 없는 나이, 퇴직 후 먹고살 일을 걱정해야 하는 나이, 옆에 잠든 배우자가 예뻐 보이지 않는 나이, 여기저기 쑤시고 결리는 나이, 갑자기 세상을 등진 친구의 부음을 들어야 하는 나이, 고독하고 공허한 나이다. 이처럼 중년은 우리 인생에서 그다지 반갑지 않은 손님이다.

이 책은 40대에서 60대에 이르는 대한민국 중년 남성들의 이야기다. 물론 이들이 우리나라 중년 남성을 대표하지는 않는다. 이들이 잘났다거나 못났다는 말을 하려는 것도 아니다. 지그문트 바우만의 말처럼 이들은 모두 '21세기의 사냥꾼'이다. 우리의 남편, 아버지, 직장 상사, 옆집 남자 들은 유능한 사냥꾼이 되기 위해 오늘도 죽어라 뜀박질, 싸움질 한다.

사냥꾼이 되지 못하면 사냥감이 되어야 하는 치열하고 냉혹한 현실에서 벗어나고 싶어도 벗어날 수 없다. 그런 이들에게 세상은 계속해서 가속 페달을 밟으라고 한다. 그러다 어느 순간, 속도계와 방향계가 고장 나면 이미 때가 늦었음을 알아차린다. 그렇다면 세월이 중년에게 보내는 신체적, 심리적, 사회적인 현상들은 인생의 장애 요소가 아니라 속도를 줄이라는 신호가 아닐까.

많은 중년들이 말 못 할 사정을 안고 산다. 그들은 섣불리 자신들의 이야기를 할 수 없다. 나약함이 탄로 나기 때문이다. 그러다 못 견디게 쓸쓸한 어느 날 슬금슬금 속을 털어놓는다. 이 책은 그들의 서글픈 이야기를 토대로 쓰였다. 매일 사냥터로 떠나야 하는 이 땅의 평범한 중년들에게 보내는 소슬한 편지임을 밝혀 둔다.

누구는 성공한 CEO로, 정치인으로, 공무원이나 영업 사원, 노숙자, 사기꾼 등으로 중년을 보낸다. 또 누군가는 절망의 벽을 넘지 못하고 인생의 낭떠러지를 선택하기도 한다. 이룬 것과 이루지 못한 것 사이에서 수없이 치이고 치이며 오늘에 이르렀다. 그들의 기력이 소모되고 고갈되는 동안에도 세상은 더 많은 피로와 과잉 생산을 요구했다. 그 결과 삶이 모질고 팍팍해졌다. 세상이 정한 성공 기준을 통과한 중년이든, 그렇지 못한 중년이든 모호한 희망을 안고 사는 한, 그들은 오늘도 안녕하지 못하다.

나 역시 중년이다. 중년이 무슨 벼슬도 아니고, 대놓고 자랑할 일은 아니지만, 그렇다고 움츠리거나 숨길 일은 아니다. 청춘들 앞에 기죽지 마라. 청춘이 수직으로 내리꽂히는 폭포수라면 중년은 고요히 흐르는 강물이다. 그 강물에 발도 담그고,

머리도 적시고, 지나온 물길과 흘러갈 물길을 제대로 바라볼 줄 아는 나이가 중년이다. 젊음이 강자라고 생각하니까 약해지는 것이다.

책을 쓰는 동안 속을 내보이기 쉽지 않았음에도 인터뷰에 응해 주신 많은 중년들에게 고마움을 전한다. 그들의 말들을 엮어 책으로 나올 수 있도록 믿고 기다려 주신 팬덤북스 박세현 대표와 관계자분들께도 감사의 마음을 전하고 싶다. 주말에 꽃구경, 물 구경 한번 못 가고 방에만 틀어박혀 있던 나를 묵묵히 돌봐 주신 부모님께도 죄스러움과 고마움을 함께 전한다. 이 책을 펼치는 모든 분께 조금이나마 쓸모가 있었으면 하는 바람으로 세상에 어렵게 내놓는다.

2015년 가을, 인천에서
이현숙

우울증은
마음의 감기가 아니다

남자도 여자처럼 폐경을 할까? 폐경이란 여성의 난소가 노화되면서 더 이상 여성 호르몬이 만들어지지 않는 현상을 말한다. 성별 자체가 다르기는 하지만, 남자들도 여자들이 겪는 폐경 증후군과 비슷한 증세를 겪는다. 예컨대 얼굴이 달아오른다든지, 가슴이 두근거린다든지, 괜히 짜증을 부리고 우울해하는 증세들이 그렇다. 모두 남성 호르몬이 줄어들어서 생기는 증상들이다.

우울증은 대개 여성들이 걸리는 질병으로 인식되어 왔다. 우울증 환자 중에는 여성이 남성보다 2~3배 많다는 통계만 봐도 그 차이가 확연하다. 그렇다면 과연 이 통계는 정확한 것일까. 혹시 우울증에 걸렸지만 말 못 하는 남성들이 수치에서 빠진 것은 아닐까. 세계보건기구의 연구 결과에 따르면 똑같이 우울증에 걸려도 남성은 여성에 비해 우울증 진단을 받는 비율이 더 낮다고 한다. 여성들은 의사에게 자신의 증세를 적극적으로 표현하는 반면 남성들은 그렇지 않기 때문이다.

아프면 아프다, 슬프면 슬프다, 두려우면 두렵다고 말해야 하는데, 그 한마디를 하지 못하고 속으로만 끙끙 앓는 것이다. 울화가 치밀고 속이 뒤집어져도 그들은 참고 견딘다. 그래야만 한다고 생각한다. 왜? 남자니까. 남자라면 무조건 강해야 한다고 생각한다. 하지만 불행은 여기서부터 시작된다.

남성들의 우울증은 일과 관련된 경우가 많다. 계속되는 경기 불황, 암울한 경제 전망, 불확실한 미래 등은 남성들의 목을 조여 온다. 흔히 위기는 기회라고들 하지만 기회가 오기 전까지 위기는 위기일 뿐이다.

노동 시장도 불안하기는 마찬가지다. 계약직은 점점 많아지고 정규직도 승진 적체로 골머리를 앓는다. 얼마나 더 기다려야 하는지 앞이 보이질 않는다. 성과 압박은 갈수록 심해지고 목표를 달성하지 못하면 능력 부족, 역량 미달이라는 판정을 받고 결국 승진 인사에서 물먹고 밀려난다. 이것이 중년 남성들이 일요일 밤마다 잠을 설치는 이유다. 아침 밥상머리에서 짜증을 내는 이유다. 괜한 잠투정, 밥투정이 아니다. 그래도 실직이나 퇴직이라는 충격적인 사건이 발생하기 전까지는 그나마 견딜 만하다.

남성들에게 일이란 삶을 관통하는 핵심 영역이다. 일을 더 이상 할 수 없다는 것은 그 영역에서 자신의 통제권을 상실했음을 의미한다. 하루아침에 사회적, 경제적 퇴물이 되는 것이다. 이것은 남성의 정체성과 존재감을 송두리째 뒤흔드는 크나큰 재앙이다. 그런데도 정신적 공황에 빠진 그들을 우리는 어떻게 대하고 있는가.

(아내는 맛있게 끓는 국물에서 며루치를 하나씩 집어내 버렸다.

국물을 다 낸 며루치는 버려야지요. 볼썽도 없고 맛도 없으니까요.)

며루치는 국물만 내고 끝장인가.

마종기, 〈며루치는 국물만 내고 끝장인가〉 중에서

성과 지상주의 사회의 중년은 새벽부터 밤늦도록 녹초가 될 때까지 일한다. 일 중독자라는 소리를 들어도 이렇게 하지 않으면 살아남기가 어렵다. 주말이라고 해도 마냥 편하지만은 않다. 언제 상사로부터 호출이 올지 알 수 없어 365일, 24시간이 항시 대기 상태다. 그래도 조직에서 능력을 인정받으면 행복하다. 그렇지 못하면 속이 시커멓게 타들어 간다.

회사에서 꼭 필요로 하는 사람이 되기 위해 노예를 자처하지만 출셋길은 멀고도 험하다. 평생 조직을 위해, 가족을 위해 소처럼 일하고 퇴직하는 중년들을 우리 사회는 어떻게 몰고 있는가. 고생 많았다는 격려의 말 대신, 당신 덕분에 잘 먹고 잘 살았다는 감사의 말 대신 혀를 끌끌 차며 퇴물 취급을 하지 않았는가. 생산성을 잃은 가장들은 죄도 없이 죄인이 되어 가족에 편입되지 못하고 유령처럼 떠돈다. 국물 맛을 내자마자 쓸모없다고 버려지는 '며루치'와 뭐가 다른가.

일뿐만이 아니다. 애증과 책임의 굴레이자, 바꿀 수도 버릴 수도 없는 존재인 가족 간에도 문제는 많다. 부부간, 부모와 자식 간, 형제간의 갈등이 첨예해질수록 삶은 중심을 잃고 흔들린다. 《소금》은 췌장암에 걸린 가장이 가족들의 끝없는 소비 욕망을 견디지 못하고 가출한다는 줄거리의 소설이다.

주인공은 세상의 아버지를 둘로 나눈다. 하나는 스스로 가출을 꿈꾸는 아버지, 다른 하나는 처자식들이 가출하기를 꿈꾸는 아버지. 소설 속 중년 남성은 소비의 단맛에 길들여진 가족들을 버리고 자유와 해방의 단맛을 찾아 가출을 감행한다.

> "저축이 늘어나면, 아파트를 늘리면 행복해지는 줄 알았다. 죽어라고 일해 과장, 차장, 부장, 상무에 오르고 그렇게 해서 늘어난 연봉, 늘어난 잉여 재산이 가져온 건 사랑의 황폐화뿐이었다. 가족은 차츰 그 자신을 다만 '통장'같이 취급했다."
>
> 박범신, 《소금》, 한겨레출판

작가는 우리에게 묻는다. 거대한 소비 문명을 가로지르면서, 그 소비를 위한 과실을 야수적인 노동력으로 따 온 '아버지'들은 지금 어디에서 어떻게 부랑하고 있는지. 지난 반세기 동안 그들은 무엇을 얻고 잃었는지. 가족들이 소비의 '단맛'을 허겁지겁 쫓는 동안 늙어 가는 그들의 돌아누운 굽은 등을 한 번이라도 깊게 들여다본 적은 있는지.

우울증을 '마음의 감기'라고 하는 사람들이 있다. 때가 되면

낫겠지 하고 방심하지만, 그게 어디 마음처럼 쉬울까. 어떻게 해야 할지 앞이 막막할 때 중년들은 자신과 타인을 위태롭게 하는 행동을 한다. 우울증이 깊을수록 그 행동은 더욱 위험하고 자극적이다.

예컨대 폭음, 도박, 섹스 중독에 빠지거나 폭주를 즐기고 불같은 외도에 뛰어들기도 한다. 이런 증세들은 결국 식욕 부진, 불면증, 성생활 장애, 무기력증으로 이어진다. 급기야 차마 가서는 안 될 길을 선택하기도 한다.

수많은 중년들이 자신들의 욕망과 현실이 일치되지 않는 삶을 살고 있다. 어렸을 때부터 정해진 남성상에 결박되어 누군가에게 속내를 털어놓지도 못한 채 말이다. 이런 상태가 계속되면 마음이 병들고, 몸이 망가지고, 삶이 무너진다.

오늘도 어디에선가 폐경을 맞은 중년 남성들이 부랑하고 있다. 그들이 집으로 돌아오기 위해서는 도움이 필요하다. 그들은 절대 도와 달라고 하지 않는다. 그것은 결국 자신의 실패를 인정하는 것과 같기 때문이다. 길을 헤매더라도 절대 물어보지 않고, 몰라도 모른다고 하지 않고, 잘못했어도 절대 미안하다고 하지 않는 것이 그들이다.

지금 부랑하는 이들이여! 당신들은 아는가. 당신이 막다른 곳, 낭떠러지라고 생각했던 절망의 끝도 사실은 골목이 꺾이는 인생의 작은 길모퉁이임을.

그놈의 돈, 돈,
돈 때문에

돈만큼 하루도 거르지 않고 우리의 관심을 한 몸에 받는 것
이 또 있을까. 식욕이나 성욕은 욕구가 채워지면 당분간 잊고
산다. 하지만 돈은 다르다. 돈을 벌기 위해 끊임없이 일하고,
연구하고, 투자하고, 저축하고, 피 말리는 경쟁을 하고, 로또
를 사고, 투쟁을 한다. 돈 때문에 목숨을 잃기도 하고, 돈 때문
에 가까스로 목숨을 구하기도 한다. 돈으로 미인이 되기도 하
지만, 미인을 사기도 한다. 돈으로 사업을 성장시키기도 하지
만, 돈이 없어 파산의 길을 가기도 한다. 사람이 돈을 만들었

는데, 돈이 사람의 목줄을 쥐락펴락하는 희한한 세상에서 우리는 살고 있다.

과연 우리가 살기 위해서는 얼마만큼의 돈이 필요할까. 지금 당신에게 필요한 돈은 얼마인가. 1억? 10억? 100억? 아마 대답해 놓고 다시 늘려 말하거나, 쉽게 대답하기조차 어려울 것이다.

세상에 배가 터지도록 밥을 먹는 사람은 없다. 술 좀 한다는 주당들도 술을 이기지는 못한다. 대부분의 사람들이 특별한 경우가 아니면 집 한 채, 차 한 대로 만족한다. 물질이란 소유하는 데 한계가 있기 때문이다. 하지만 돈은 그렇지 않다. 욕망에 끝이 없다. 가지면 가질수록 더 많이 갖기를 원한다. 10억을 갖게 되면 20억으로 늘리고 싶고, 20억을 가지면 그 이상을 꿈꾼다. 도대체 이유가 무엇일까.

> "돈이 있으면 내가 한 번도 만나 보지 못했던 사람조차 내 뜻대로 움직이게 할 수 있고 인간적으로 굴복시킬 수도 있다. 그런 점에서 돈은 인류가 만들어 낸 매우 희한한 발명품이다. 그것은 외부 세계에 있는 객관적인 제도이면서, 동시에 인간의 마음과 존재에 심층적으로 얽혀 있는 에너지다."
>
> 김찬호, 《돈의 인문학》, 문학과지성사

사람은 돈이 있어야 힘을 쓴다. 돈으로 모든 것이 해결되지는 않지만, 사실 우리 주위에는 돈으로 해결할 수 있는 일이 많다. 사회가 유동적이고 복잡해질수록 자신의 존재감을 공고히 지탱해 주는 것도 돈이다. 연줄, 권력, 지위, 학력, 지연, 체력은 상황이 바뀌거나 시간이 지날수록 헐거워지고 희미해진다. 그러나 돈은 한결같이 위세가 대단하다. 오죽하면 노잣돈이라는 것이 생겨났겠는가. 저승에 가는 이에게조차 돈이 필요하다는 것은 그만큼 돈의 위력과 효능이 절대적이라고 믿는다는 얘기다.

김훈은 《밥벌이의 지겨움》에서 "모든 밥에는 낚싯바늘이 들어 있다"고 말했다. 우리는 밥 속에 들어 있는 낚싯바늘을 함께 삼키며 밥에게 끌려가고 있다.

중년에게 돈은 건강만큼이나 중요한 문제다. 고정적으로 들어가는 생활비 외에 자식들 교육비나 결혼 비용 등 제법 큰 목돈이 들어가는 때이다. 부모님을 간병해야 하는 상황이라면 병원비 등도 적잖게 들어간다. 퇴직을 앞둔 중년은 또 어떤가. 대책 없이 노후를 맞을 생각에 앞이 캄캄할 수도 있다.

집을 한 채라도 소유하고 있거나, 저축이나 연금 등으로 미리 준비를 해 놓았다면 좀 나은 편이다. 자식들에게만 투자하고 무엇 하나 해 놓은 것 없이 정년이 닥친 이들도 있을 것이다. 형제간의 싸움도 상속이나 얽히고설킨 돈 문제인 경우가 허다하다. 물질적으로 풍족한 형제가 그렇지 못한 형제를 위해 상속을 포기하는 일은 드물다. 오히려 법정 싸움으로까지 번지기도 한다.

돈은 많아도 걱정, 적어도 걱정이다. 천재 화가 빈센트 반 고흐는 평생을 가난과 우울증에 시달렸다. 그는 동생 테오로부터 경제적인 도움을 받고 있었는데, 둘은 600여 통이 넘는 편지를 주고받았다. 고흐 또한 돈과 불확실한 미래에 대해 불안해하는 중년이었다.

"너에게 1만 프랑 정도를 가져다줄 수 있게 되는 날 마음이 편해질 것 같다. 지난날 이미 써 버린 돈도 우리 손에 되돌아와야 할 것이다. 적어도 그 정도 값어치가 있는 물건의 형태로라도. 아직은 그렇게 되기 힘들겠지."

빈센트 반 고흐, 《반 고흐, 영혼의 편지》, 예담

자신의 그림이 천문학적인 숫자로 거래되고 있다는 사실을 저승에 있는 고흐가 알면 얼마나 억울해할까. 그는 모든 생활비를 동생에게 의존해야 할 만큼 지독히 가난한 화가였다. 살아생전 그가 팔았던 그림은 고작 한 점이었다. 빈곤과 절망, 불안 속에서 고통받다가 37살에 스스로 생을 마감한 그는 평생 돈에 대한 걱정을 놓을 수 없었다.

《돈의 인문학》에서는 천재 예술가들의 사례가 나온다. 거의 굶어 죽다시피 살았던 이중섭, 돈이 없어 가난과 고독 속에서 쓸쓸히 죽어 간 모차르트나 슈베르트 등. 아마 그들의 저작권료를 제대로 따져 준다면 상상도 할 수 없는 어마어마한 액수가 될 것이다. 폐결핵을 앓았던 소설가 김유정은 치료비 마련을 위해 번역 일을 부탁하는 편지를 친구에게 보냈으나 답장이 오기도 전에 세상을 떴다.

이들뿐만이 아니다. 돈이 생겨난 이후 수십억의 인류가 돈으로 고통받았을 것이고, 돈을 대체할 수 있는 다른 수단이 생겨나기 전까지 고통은 앞으로도 계속될 것이다.

우리는 일단 돈을 많이 벌어야 성공했다고 생각한다. 실제로 우리나라 사람들 중 70퍼센트 이상이 성공의 증표를 돈이라고 생각한다. 이는 2009년 영국의 로이터 통신과 여론 조사 기관 입소스가 전 세계 23개국 2만 4천여 명을 대상으로 조사

한 결과다. 지금은 좀 달라졌을지 모르나, 돈은 여전히 성공의 요소에서 굳건히 우위를 지키고 있다.

돈이 많다고 꼭 성공한 것은 아니다. 돈이 넘쳐도 애정이나 사랑이 메말라서 외롭게 지내는 사람들이 얼마나 많은가. 돈을 왕처럼 떠받들면서 정작 돈의 머슴이 되어 사는 자산가들도 많다. 돈이 숫자로만 존재한다면 아무런 의미가 없다. 반대로 돈이 없다고 해서 꼭 실패한 것은 아니다. 다소 불편하긴 해도 돈으로 살 수 없는 것을 많이 지녔다면 삶에 있어 가난이 그렇게 큰 장벽이 되지 않는다.

중년인 당신은 이제 돈에 대한 인식을 달리 세워야 한다. 돈이 많다면 제발 써라. 돈은 쓸 때만 돈이다. 쓰지 않는 돈은 돈이 아니다. 돈이 없다면 절망 대신 홀가분한 기분으로 살자. 돈 외에도 인생을 풍요롭게 하는 것들은 삶의 곳곳에 존재한다. 그동안 쌓아 온 경험과 내공, 인간관계가 이미 당신 안에 구축되어 있지 않은가. 성공의 주체는 돈이 아니라 바로 당신임을 기억해야 한다.

주름,

삶이 넘어온 파도

괴테의 《파우스트》에는 메피스토펠레스의 농간에 빠진 파우스트가 젊어지는 명약을 구하기 위해 마녀의 부엌을 찾는 대목이 나온다. 파우스트가 "이 더러운 국물이 내 몸을 삼십 년이나 젊게 해 준다고?" 하자 메피스토펠레스는 먹기 싫으면 "당장 들로 나가 밭 갈고 땅 파는 일을 시작하라"고 하면서 마술의 거울을 통해 아름답고 육감적인 여인을 보여 준다. 파우스트는 그 여인의 육체에 끌려 결국 마녀의 주문을 들은 뒤 젊어지는 약을 들이킨다.

오스카 와일드의《도리언 그레이의 초상》에서 헨리 워튼 경은 잘생긴 청년 도리언 그레이에게 속삭인다.

"신들은 자네에게 호의를 베풀었네. 하지만 신은 주었던 것을 곧 다시 빼앗아 가곤 해. 안색은 누르스름해질 테고 뺨은 꺼지고 두 눈은 빛을 잃겠지. 자네는 끔찍한 고통을 느낄 걸세."

요즘 피부과나 성형외과에서 중년 남성들을 보는 것은 예사로운 일이다. 그만큼 한 살이라도 젊어 보이기 위해 안티 에이징Anti-aging을 실천하려는 중년 남성들이 늘었다.

2014년 대한상공회의소에서 실시한 '국내 안티 에이징 산업에 대한 소비자 인식 조사'의 결과에 따르면, 미용 목적의 의료비와 관련해 50대의 지출이 57만 2천 원이었다. 20대에 이어 두 번째로 지출이 많았다. 요즘은 시술 형태도 다양하다. 눈가 주름 제거, 브이 라인 페이스 리프팅, 보톡스 시술, 검버섯 제거는 물론 금실 리프팅에서 고가의 줄기세포 물광 주사까지. 이쯤 되면 열풍을 넘어선 광풍이라고도 볼 수 있다. 외모가 경쟁력인 사회이니 그럴 만하다고 생각되면서도 왠지 신에게 반칙을 저지르는 것 같아 찜찜하다.

"눈주름이 세필細筆로 그린 듯 아름다운 얼굴은 더 많이 웃고 산 사람의 몫입니다. 금 간 그릇에서 물이 조금 조금씩 새어 나오듯, 눈에서 웃음이 살짝살짝 번지고 흘러나와 완성된 눈주름은 고혹적입니다. 그렇게 가늘고, 나무뿌리처럼 뻗어 나간 눈주름을 보면 '아, 저이는 마음도 세월도 잘 만지셨구나' 저절로 부럽기도 합니다."

문태준, 《느림보 마음》, 마음의숲

피부는 중년이 되면 가장 두드러지게 몰락하는 신체 부위다. 이론적으로 진피층에 있는 콜라겐이나 엘라스틴 조직이 약화되었다는 분석은 귀에 들어오지 않는다. 어떻게 해서든 얼굴에 드리워진 커튼을 걷어 내려 한다. 늘어나고 처지고 패이고 검게 얼룩진 얼굴을 아침마다 보는 것이 어찌 고통스럽지 않겠는가. 이것은 누구에게나 괴롭고 서글픈 일이다.

그렇다고 시간을 거스를 수는 없다. 우리의 의지로는 어떻게 해 볼 도리가 없다. 돌이킬 수 없는 것을 돌이키려는 헛된 욕망이 '꽃중년'을 외치고 '동안 열풍'을 부추긴다. 그 탓에 한 집 건너 하나씩 성형외과가 생긴다.

늙는 것이 몹쓸 일은 아니지 않은가. 문태준 시인은 주름을 파도에 비유했다. '한 겹 한 겹 접히며 들어오는 바닷물' 같은 것이라고 했다. 밀려오는 그 파도를 두 손으로 막을 수 없으니 우리는 웃는 쪽으로 나아가야 한다고, 그래야 주름도 우리를 따라올 것이라고 했다.

맞는 말이다. 주름을 억지로 펴는 것은 몸에 대한 강한 부정이다. 자신의 얼굴에 가해지는 잔인한 폭력이다. 그 폭력은 애초부터 잘못된 것이었기에 또 다른 폭력을 부르게 된다.

성형으로 달라진 외모가 조화로울 리 없다. 여기도 고치고 저기도 고치고, 겉도 깎고 속도 뒤집고 하다 보면 각자의 개성은 사라지고 상품만 남게 된다. 세월의 흔적이 날아가 버린 몸은 몸이 아니다. 몸이란 시간과 함께 성숙하고 무르익는 것이다. 성숙함과 무르익음이 삭제된 몸은 가공품이다.

젊어지고 아름다워지고 싶다는 욕망이 잘못되었다는 것이 아니다. 성형외과 의사들과 고객들을 몰아세우려는 의도도 아니다. 외모에만 치중하다 보면 내면의 아름다움을 놓치게 된다는 뜻이다.

얼굴에는 자신이 살아오는 동안의 모든 기록이 담겨 있다. 누군가를 향한 증오와 탐욕, 권위적이고 오만했던 태도, 누군가를 죽을 만큼 사랑했거나 인정 많고 눈물 많았던 순수함 등이 담겨 있다. 음지와 양지가 모두 저장되어 있다. 그것들은 수술로도 없어지지 않는다. 수술로 바꾼다고 해도 가려지지 않는다. 성형이나 시술을 통해 일시적으로 주름을 펼 수는 있지만, 내면과 외면의 부조화로 더욱 깊어진 진짜 주름은 펼 수 없다.

> "내 철학 공부는 늘 나의 얼굴 읽기에서 시작된다. 밤사이에 게릴라처럼 덮치는 잔주름이나 새치 따위는 내 걱정거리가 아니다. 속절없이 스러져 가는 젊음이야 괴롭고 가슴 아프지만 그것은 어차피 내 의지로써는 어쩔 수 없는 것이다. 나는 다만 내가 답하고 책임져야 하는 부분들을 찾아내려 한다."
>
> 이왕주, 《쾌락의 옹호》, 문학과지성사

피부를 건강하게 유지하는 것은 좋은 일이다. 맑고 혈색이 좋은 피부는 보는 사람의 기분까지 좋게 한다. 그러나 사람의 피부란 일회용 체세포이다. 손상되면 재생이 불가능한 껍질의 일부분이다. 우리의 피부 속은 세포들을 뭉쳐 주는 섬유질로 되어 있는데, 중년이 되면 세포를 생성하는 기능이 떨어져 섬유들이 파괴되거나 뒤죽박죽 얽힌다. 이 상태에서 피부가 경직되면 주름이 된다. 이것은 잡아당긴다고 해도 펴지지 않는 다. 매일매일 세포가 떨어져 나가기 때문이다.

젊어지고 싶다는 것은 인생의 정점이 청춘기라 생각하기 때문이다. 그래서 그 정점으로 돌아가기 위해 찢고, 꿰매고, 집어넣고, 긁어내는 것일지도 모른다. 가혹한 고통을 감수하면서까지 말이다. 왜 청춘만이 절정이고 정점인가. 중년이야말로 몸과 마음의 성숙이 완결을 이룬 '인생의 최고조'가 아닌가.

"인생의 주로走路는 정해져 있네. 자연의 길은 하나뿐이며, 그 길은 한 번만 가게 되어 있지. 그리고 인생의 매 단계에는 고유한 특징이 있다네. 소년은 허약하고, 청년은 저돌적이고, 장년은 위엄이 있으며, 노년은 원숙한데, 이런 자질들은 제철이 되어야만 거두어들일 수 있는 자연의 결실과도 같은 것이라네."

키케로, 《노년에 관하여 우정에 관하여》, 숲

몸은 보이는 마음이고, 마음은 보이지 않는 몸이다. 몸과 마음은 다르지 않다. 우리의 몸과 마음은 모든 고통에 무방비로 드러나 있다. 중년은 인생의 고통을 두루두루 경험한 나이다. 달고, 쓰고, 맵고, 뜨겁고, 짜고, 시린 인생의 모든 진미眞味를 맛보았을 나이다. 깊은 절망과 분노, 죽음보다 깊은 사랑과 이별, 소모적인 경쟁과 모멸감, 공포에 속수무책으로 당해 본 적도 있을 것이다. 이런 고통을 겪는 과정에서 우리의 몸과 마음이 성숙해진다. 주름이라는 무늬를 새긴 채 파도처럼 온다.

주름은 성숙함에 대해 세월이 주는 포상이다. 인생에 켜켜이 쌓여 있는 소중한 기록들이다. 20대의 아름다움과 40, 50대의 아름다움은 모양과 향기, 깊이가 다르다. 50대에 20대의 아름다움을 원하는 것은 자연에 대한 반역이다. '나이 사십이면 자신의 얼굴에 책임져야 한다'라는 링컨의 말이 눈가 주름을 제거하고 보톡스를 맞으라는 얘기는 아닐 것이다. 지금까지 살아온, 앞으로 살아갈 삶에 대해 진지한 성찰이 필요하다는 말일 것이다.

당신은 얼굴에 그려진 주름들을 보며 무슨 생각을 하는가. 당신이 걸어온 삶의 궤적들이 떠오르는가. 앞으로 남은 인생에 대한 계획이 떠오르는가. 혹시 시술 견적서가 먼저 떠오르는가.

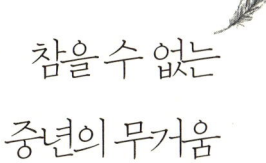

참을 수 없는
중년의 무거움

중년은 무겁다. 허리띠 위로 불뚝 튀어나온 뱃살이 무겁고, 가장이라는 무한 책임에 연루된 두 어깨가 무겁다. 퇴근길 선술집에서 기울이는 술잔이 무겁고, 술기운에 안아 보는 아내의 거대해진 몸통이 무겁다. 늦은 밤 잠에서 깨어나 우두커니 바라보는 어둠이, 그 어둠이 말하는 침묵이 무겁다.

무거움은 가벼워지고 싶은 욕망의 무게다. 언제부터인가 '하고 싶은 일'보다 '해야 할 일'이 많아졌다. 그때부터 삶은 무거워지기 시작했다. 중년이 되자 '해야 할 일'은 '더 많이, 더 잘해야만 하는 일'이 되었다. 책임이 짐이 되고, 의무가 덫이 되면서 삶의 중량도 늘어났다. 참을 수 없는 삶의 무거움이다.

탄탄한 지위와 경제적인 안정을 이루었기에 이제는 자유와 여유를 즐겨도 좋을 때라고 생각했다. 고생 끝에 낙이 오고, 행복 가득한 집에서 마음 편하게 사는 때가 중년이려니 했다. 하지만 현실은 달랐다. 고생 끝에 병이 들고, 행복은커녕 빚으로 가득하다. 꿈에 속고 현실에 발등 찍히는 동안 세월은 어느새 뒷덜미를 치고 달아났다. 방심한 사이에 중년은 홀연히 왔다. 그렇다고 꼭 잃은 것만 있지는 않다. 더러는 성공을 거두었고, 냉혹한 현실을 견디면서 이 악물고 버틴 보람도 있다.

욕심은 끝이 없다. 이루면 이룰수록 더 이루고 싶고, 올라갈수록 더 높이 올라가야만 할 것 같다. 힘든 싸움은 언제쯤 끝이 날지, 숨이 차고 힘에 부친다. 중년은 이제 삶이 좀 가벼워지기를 바란다.

삶이 무거운 것은 소유와 집착, 욕망이 많기 때문이다. 일, 돈, 명예, 지위, 가족, 대인 관계 등 삶을 풍요롭고 의미 있게 하는 요소들이 소유와 집착, 욕망의 대상이 되었기 때문이다. 사람들은 뺏기고, 놓치고, 무너지는 것을 두려워한다.

'잘 산다는 것'은 과연 무엇일가. 더 많이 소유하고, 더 높은 지위에 오르고, 더 넓은 집에 사는 것일까. 그러면서 많은 권세를 누리고, 남들의 부러움을 사면 잘 사는 것인가. 우리는 부자이면서도 가난할 수 있고, 가난하면서도 부자일 수 있다. 주변에 사람들이 많아도 고립될 수 있고, 사람들과 떨어져 있어도 외롭지 않을 수 있다. 무언가를 많이 소유하고 유명세를 타야만 꼭 성공한 삶은 아니다.

베르트랑 베르줄리는 《무거움과 가벼움에 관한 철학》에서 청춘들에 비해 책임을 잔뜩 진 늙은이들은 모든 것의 바깥에 있다고 말한다. 그들의 눈에는 삶과 삶의 격정보다 돈과 사회적 관심사가 더 중요하기 때문이다.

"잘 사는 것, 그리고 잘 살게 하는 것은 삶의 내면에 있으면서 자기 자신의 내면에 머무는 멋진 방법이다. 그래서 사는 기술이 중요한 것이다. (중략) 내면과 외면은 분리될 수 없다. 자신과 더불어 잘 살 때 우리는 잘 사는 것이다. 그뿐이다. 우리가 잘 살면 우리 자신과도 잘 살게 된다. 따라서 가벼움이 필요하다."

베르트랑 베르줄리, 《무거움과 가벼움에 관한 철학》, 개마고원

중년의 삶이 무거운 것은 자신이 아닌 타인과 연관되어 있기 때문이다. 좋은 배우자, 좋은 부모, 좋은 친구, 좋은 상사가 되기 위한 역할은 자신보다는 타인을 위한 것이다. 부양과 봉사, 헌신과 희생의 역할을 잘할수록 정체성을 인정받고 능력 있는 사람으로 보인다. 한때 유행했던 '부친남(부인 친구 남편)'이라는 신조어는 많은 남성들을 비교의 제단 위로 내몰았다. 부친남이란 사회적으로 존경받고, 연봉도 높고, 자상하고, 다재다능하며, 게다가 잘생기기까지 한 남편들을 말한다. 유명 칼럼니스트 악셀 하케가 지긋지긋하다고 했던 바로 그 '다른 남자들'이다.

부친남 계열에 속하는 중년들에게 21세기는 축복받은 세상이다. 반대로 그렇지 못한 중년들에게는 잔인한 세상이다. 《남자 심리지도》를 쓴 비요른 쥐프케는 남자들은 인간관계에 있어서도 자신의 정체성을 어떤 특정한 능력과 연관시킨다고 말한다.

"그 많은 남자들에게 좋은 아빠, 좋은 친구, 좋은 배우자는 다른 사람을 위해 책임을 떠맡고 뭔가를 하는 사람을 의미한다. 이때 '한다'는 '이루다', '끝내다', '처리하다'이지 '감정적으로 통한다. '함께 있다'는 뜻이 아니다."

비요른 쥐프케, 《남자 심리지도》, 쌤앤파커스

남성들은 '인정받고 싶은 욕망'을 공적이든 사적이든 성과를 통해 보여 주려 한다. 그러나 중년이 되어 능력이 감소되거나 상실되어 더 이상 인정받지 못하면 깊은 절망의 무게를 느낀다.

세상은 무거움과 가벼움이 만나는 장소다. 베르트랑 베르줄리의 말처럼 현실의 의미는 존재 자체에 있다. 여명과 석양의 아름다움을 볼 때, 봄날의 들판과 가을의 숲에서, 사랑하는 사람이 곁에 있을 때 우리는 존재를 느낀다. 존재는 있는 그대로, 그 자체만의 의미로도 충분하다. 무거움은 그만큼 중요하고, 깊고, 근본적인 이유에서 무거워야 한다. 등이 휘어지도록 무거운 짐을 진 삶은 앞으로 나아갈 수도, 존재감을 느낄 수도 없다. 삶은 무거움과 가벼움의 조화를 이루어야 한다. 살아 있는 존재들과 더불어.

"우리는 침울하지 않으면서도 무거울 수 있다. 그러기 위해서는 사물에 적절한 무게를 부여하기만 하면 된다. 그럴 수 있는 사람이 무게 있는 사람이다."

베르트랑 베르줄리, 앞의 책

모든 삶은 무거우면서도 가볍다. 가진 것이 날개뿐인 새들도, 한 뼘도 안 되는 들풀들도 제 무게는 이고 산다. 삶의 무거움은 심신을 병들게 하는 무거움이 아니라, 영혼의 중심을 잡는 무거움이어야 한다. 무게에 지친 영혼이 아니라 깊이를 사유하는 영혼이 되어야 한다. 그러기 위해서는 가벼워질 필요가 있다. 가벼워질 줄 알아야 한다.

> "그렇다. 가벼움이 있어야 한다. 자신이 되기 위해서는 자신으로부터 해방되어야 한다. 그렇지 않으면 우리는 자기 안에 빠져 옴짝달싹 못하게 된다. 바로 거기에 가벼움의 힘이 있다. 무거움과 단절할 줄 아는 힘이다. 가벼움이 가벼울 때 무거움도 깊어진다. 가벼움 덕에."

베르트랑 베르줄리, 앞의 책

인생을 하루로 치면 중년은 오후쯤 된다. 무엇 하나 제대로 해 놓은 것도 없는데 벌써 마흔 줄이고, 쉰 줄이다. 당황스럽다. 아직도 한창인 것 같은데 벌써 중년이라니, 인생의 오후라니. 이대로 늙어 버릴까 두렵고, 외로워질까 불안하다.

그러나 아침에 위대했던 것들이 오후에는 보잘것없어지고,

아침에 진리였던 것이 오후에는 거짓이 될 수 있다. 심리학자 칼 융의 말이다. 이 책을 읽고 있는 당신이 중년이라면 해가 지기 전에 당신이 지고 있는 짐들을 내려서 풀어 보아야 한다. 그 많은 짐들이 과연 당신을 행복하게 해 주는지, 인생에 정말 필요한 것들인지 살펴야 한다. 그래야 중년이라고 할 수 있다.

더 소유하려는 욕심보다 불필요한 것들을 과감히 버릴 줄 아는 지혜가 중년에는 필요하다. 무거움 속에서 가벼움을 찾고, 가벼움의 가치를 깨달아야 한다. 참을 수 없는 무거움이 아니라, 참을 수 있을 만큼의 무거움을 지녀야 한다. 그래야 중년重年이 아닌 중년中年이 될 수 있다.

일의
기쁨과 슬픔

세계 문화유산이라 일컫는 건축물들은 그 수보다 훨씬 더 많은 노동자들의 손에 의해 만들어졌다. 그들이 없었다면 우리는 위대한 인류 문명의 현장을 목격하지 못했을 것이다. 인류의 역사는 곧 노동의 역사이다. 만리장성이나 피라미드 짓기에 동원된 노동자에서부터 21세기 대리운전 기사에 이르기까지 노동은 개인의 삶과 인류의 역사를 관통한다.

우리는 자신을 소개하거나 누군가를 소개받을 때, 어떤 일을 하는지 먼저 밝힌다. 그만큼 우리 사회에서는 직업과 지위가 중요한 기준이 된다. 일은 생계를 해결하기 위해 필요한 수단이기도 하지만, 정체성을 나타내는 단서도 된다. 일을 통해 사회 구성원으로서 역할을 수행하며, 자아실현과 자기 성장의 계기를 마련하기도 한다. 물론 일에 대한 스트레스와 과로로 심신의 건강을 해치는 일도 많다. 직장인 중 80퍼센트가 스트레스성 만성 위염에 시달린다는 통계만 봐도 알 수 있다.

일이 없으면 경제적 궁핍은 물론이고, 사회적으로도 소외된다. 무엇보다 영혼이 게을러지고 부패할 수 있다. 승진을 앞두고 있거나 성과 독촉, 협력 업체의 횡포로 밤잠을 이루지 못하는 중년도 있을 것이다. 하지만 일은 우리를 '살아가는 우리'로 존재하게 해 준다. 일이 없다면 더 큰 고통을 느끼게 될 것이다. 일에 빠져 있으면 적어도 죽음이나 다른 여타의 부정적인 생각을 하기가 쉽지 않다. 비록 만성 위염이 당신의 위장을 괴롭힌다고 할지라도 말이다.

"우리가 하고 있는 일의 의미를 과장하고자 하는 충동은 지적인 오류이기는커녕 사실 우리를 살아가게 하는 생명력 자체라고 할 수 있다."

알랭 드 보통, 《일의 기쁨과 슬픔》, 은행나무

매일 상사의 눈치를 보는 것, 성과를 측정하고 목표를 달성하는 것, 조직의 비전을 구성원들과 공유하는 것, 고객 불만을 최소화하고 품질을 향상시키는 것, 승진 인사에서 상대를 물리쳐야 하는 것, 가끔은 상사에게 아부의 말을 하는 것, 거래처의 부당한 태도에 분통을 터뜨리는 것, 동료들과 소주 한잔하는 것. 결국 이런 일들이 당신을 살아가게 만든다. 작지만 진정한 삶의 이유이다.

알랭 드 보통은 일이란 '완벽에 대한 희망을 투자할 수 있는 완벽한 거품을 제공해 주는 것'이라고 했다. 일이란 우리가 살면서 느끼는 고통과 불안을 삶의 몇 가지 목표로 집중시켜 주는 것이라고 했다. 품위 있는 피로, 성취감, 식탁 위에 오르는 풍성한 음식들은 일이 우리에게 주는 의미 있는 보상이다. 알베르 카뮈는 말했다.

"노동을 하지 않으면 삶은 부패한다. 그러나 영혼 없는 노동은 삶을 질식시킨다."

여전히 많은 사람들이 마지못해 일터로 나간다. 그렇다면 일할 때 고통 대신 기쁨을 느끼며 할 수는 없을까. 주어진 목표의 압박감을 즐거운 활력으로 대체할 수 있는 방법은 없을까.

즐겁지 않고 고통스럽기만 한 노동은 사람을 병들게 한다. 일이란 자신의 에너지로부터 분출되는 재화와 용역이다. 그것은 창의적이고 자발적이어야 한다. 그런 일이 삶의 목표로 연결되었을 때 노동은 비로소 즐거워진다.

오스트리아의 심리 치료사였던 빅터 프랭클은 아우슈비츠 포로수용소로 끌려가 모진 고통을 당했다. 훗날 자유의 몸이 되자 그는 수용소 생활을 토대로 '로고테라피Logotherapie'를 만들었다. '로고'는 '의미'를 뜻하는데, 이는 '생의 의지'를 말한다. 단순히 살아남겠다는 의지를 넘어 삶에 대한 목표를 뜻한다. 그는 다음과 같이 말했다.

"인간에게 진정으로 필요한 것은 고통이 적은 상태가 아니라, 자신에게 가치 있는 목표를 위해 노력하고 투쟁하는 것이다."

이처럼 일을 하면서 느끼는 삶의 목표는 우리의 영혼을 이끄는 에너지여야 한다. 세상에는 수많은 직업들이 있다. 당신의 일도 그중에 하나로 존재할 것이다. 당신의 일이 곧 당신이다. 일은 당신의 삶을, 목표를 더욱 빛나게 하는 수단이어야한다. 일하는 사람은 권태롭거나 부패하지 않는다. 미래를 꿈꾸기 때문이다. 미래는 당신이 지금 하고 있는 일의 즐거움으로 꾸며진다.

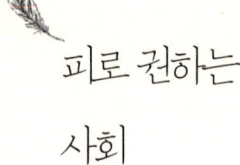

피로 권하는 사회

사스, 조류 인플루엔자, 신종 플루, 에볼라 바이러스, 메르스 등은 최근 세계를 강타했던 유행성 바이러스들이다. 항생제의 발명에도 불구하고 이런 괴질 바이러스의 공포는 여전히 지구 상에 실재한다. 그러나 21세기 질병의 지배자는 박테리아나 바이러스가 아니라 신경성 질환이라고 철학자 한병철은 주장한다. 그의 책《피로 사회》를 보면 우울증, 주의력결핍 과잉행동장애, 소진증후군 등이 신경성 질환들인데, 이는 'Yes, I can(그래, 나는 할 수 있어)'이라는 긍정성의 과잉이 원인이라고 한다.

현대는 '할 수 있음'이 넘쳐 나는 세상이다. '할 수 없음'을 '할 수 없는' 세상이다.

면역이란 나의 것이 아닌 무엇으로부터 나를 지키기 위한 방어 활동이다. 이질적인 것, 낯선 것들을 부정하고 밀어내는 것이다. 오늘날 성과 중심의 사회는 이질적인 것에 대한 부정성이 사라졌다. 이질적인 것도 동질의 것으로 변화시켜 긍정하도록 강제되어 있다. 신경성 질환은 이 과정에서 발생한다. 면역의 필요성이 사라졌다고 볼 수도 있다.

성과 주체로서의 중년은 피로하다. 비전을 제시해야 하고, 프로젝트를 수행해야 하고, 동기 부여를 끌어내야 하고, 목표 이상의 실적을 달성해야 한다. 성과를 향한 압박은 번아웃증후군과 우울증을 초래한다. 번아웃증후군은 단어 뜻 그대로 다 타서 꺼져 버린 불이 된 상태를 말한다. 우울증과도 매우 유사하다.

성과 중심의 사회에서 우울증은 일과 능력의 차이에서 생기는 자기와의 전쟁이다. 이 전쟁에서 지면 낙오자가 된다. 해야 하는 일과 할 수 있는 능력의 편차가 벌어질수록 회복은 더욱 어렵다. 외환 위기 당시 '아빠, 힘내세요'라는 광고는 대한민국의 모든 아빠들에게 '가장은 절대 힘이 떨어져서는 안 되는 존재'임을 각인시킨 범국민적 선언이었다. 정말이지 가장은 힘이 떨어져도 'Yes, I can'이라고 해야 하는 존재인 것일까.

> "어느 날 아침 그레고르 잠자가 불안한 꿈에서 깨어났을 때
> 그는 침대 속에서 한 마리의 흉측한 갑충으로 변해 있는 자신의
> 모습을 발견했다."
>
> **프란츠 카프카, 《변신》, 문학동네**

카프카의 소설 《변신》은 어느 날 갑자기 벌레로 변한 남자의 이야기다. 항상 일과 시간에 쫓기는 그레고르의 직업은 영업 사원이다. 가족의 생계를 위해 사생활마저 포기한 그는 회사에서는 일벌레로, 집에서는 돈 버는 기계로 통한다. 비인간적인 삶을 강요하는 폭압적인 환경 속에서도 그는 가족에 대한 책임감과 사랑으로 살아간다. 그는 벌레로 변신하면서 경제적 능력을 상실하게 되었다. 그 결과 그토록 사랑했던 가족들에 의해 죽음을 맞게 된다.

소설 속의 벌레는 물질과 돈의 폭압에 일그러진 인간의 모습을 상징적으로 보여 준다. 그의 정체성은 돈을 벌어 올 때만 인정된다. 세상의 가장들은 가족들을 위해, 조직을 위해 '할 수 있음'을 보여 주어야 할 책임과 의무를 지고 있다. 무한 경쟁을 해

야 하는 그들에게 부과된 능력은 유감스럽게도 한정되어 있다.

❦

피로는 유한한 것에서 무한한 것을 뽑아내야 하는 고된 노동 뒤에 오는 찌꺼기다. 철학자 한병철은 피로를 폭력이라고 단언한다. 피로는 모든 공동체와 공동의 삶, 모든 친밀함, 심지어 언어 자체마저도 파괴하기 때문이다. 현대 사회에서는 모두가 피로하다. 나도 피로하고 당신도 피로하다. 피로는 저마다 분열되고 고립된 채 고독한 피로를 계속해서 양산한다. 피로 회복제는 더 많은 피로를 견디기 위해 만들어졌다. 현대 사회는 피로 권하는 사회다.

"힘에는 두 가지 형태가 있다. 하나는 긍정적인 힘으로서 무언가를 할 수 있는 힘이고, 다른 하나는 부정적 힘으로서 하지 않을 수 있는 힘, 니체의 말을 빌린다면 '아니오'라고 말할 수 있는 힘이다. 이러한 부정적 힘은 단순한 무력함, 무언가를 할 능력의 부재와는 다른 것이다. (중략) 부정적 힘 없이 오직 무언가를 지각할 수 있는 긍정적 힘만 있다면 우리의 지각은 밀려드는 모든 자극과 충동에 무기력하게 내맡겨진 처지가 될 것이고, 거기서 어떤 '정신성'도 생겨날 수 없을 것이다."

한병철, 《피로사회》, 문학과지성사

무엇을 할 수 있는 능력만 있고, 할 수 없는 능력이 없다면 인간은 어떻게 될까. 끊임없는 자기 소모로 고갈과 파괴의 상태로 치닫게 되지 않을까. 피로 수용소에 갇혀 감각과 정신을 상실한 채 기계적인 동작만 반복하다가 멈출 수도 있다.

그렇다면 피로는 어떻게 해소해야 할까. 한병철은 자아의 조임쇠를 느슨하게 함으로써 틈새를 열어 주라고 조언한다. 내가 남이 되고, 남이 내가 되는 틈새다. 그 무엇도 지배하지 않고 지배당하지 않는 틈새가 있다면 우리는 피로를 신뢰할 수 있다. 그것은 만져질 수 있는 피로다. 모든 것이 소진되어 너덜너덜해진 피로가 아니라, 영감을 줄 수 있는 피로, 눈이 밝아지는 피로를 느낄 때 우리는 재생할 수 있다.

피로는 상처를 아물게 하는 것이어야 한다. 그러기 위해서는 모든 목적 행위들로부터 해방될 필요가 있다. 그것은 생계 활동과 관계 지향적인 행위들로부터의 해방이다. 하느님도 일요일에는 모든 창작 활동을 멈추시고 하루 푹 쉬셨다고 하지 않는가. 일요일은 모든 무장을 해제하고 그간의 피로와 성과의 억압에서 벗어나는 시간이다. 일요일은 모든 이들에게 주어진 보너스다. 일주일의 노고에 대한 보상의 시간, 피로로 분리된 자신을 되찾는 시간, 성찰과 기도의 시간, 쾌락과 향유의 시간, 무위와 졸음의 시간이다.

월요일을 경주마처럼 산다면 일요일은 왕처럼 즐기고 누려야 한다. 주말이 지나 월요일이면 당신은 다시 노동과 피로의 세계로 가야 한다. 아무것도 하지 않을 권리가 보장된 일요일만큼은 왕에게 허락된 휴식을 충분히 누려야 한다.

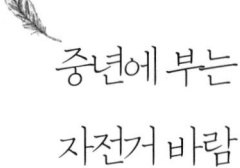

중년에 부는
자전거 바람

　자전거 열풍이다. 너도나도 길 위를 달린다. 우리 모두 두 바퀴에 몸을 싣고 씽씽 달린다. 지금 살고 있는 인천만 봐도 웬만한 도로에는 자전거 전용 도로가 나 있다. 출퇴근하는 근로자들, 등교하는 학생들, 장바구니를 싣고 가는 주부들, 자전거 동호회 모임에 이르기까지 자전거 인구는 점점 더 늘어나는 추세다. 2013년에 자전거를 타는 인구가 이미 1천만 명을 넘었다고 하니, 자전거 판매량이 자동차 판매량을 앞섰다고 볼 수 있다.
　왜 대한민국에 자전거 열풍이 부는 것일까. 무엇보다 건강에 좋기 때문이다. 건강한 다리 근육을 뽐내는 이들이 늘어나는 것도 자전거 때문이 아닐까. 요즘 젊은 세대들 중에는 자전거로 세계 여행에 나서는 용감한 이들도 있다. 서울에서 부산까지 자전거를 타고 내려가는 겁 없는 중년들도 있다. 소설가 마크 트웨인도 자전거를 사라고 했다. 살아 있다면 후회하지 않을 것이라며. 소설가 김훈은 '왜 자전거인가'라는 물음에 대해 다음과 같이 대답했다.

> "자전거를 타고 저어 갈 때, 몸은 세상의 길 위로 흘러 나간다. 구르는 바퀴 위에서 몸과 길은 순결한 아날로그 방식으로 연결되는데, 몸과 길 사이에 엔진이 없는 것은 자전거의 축복이다. 그러므로 자전거는 몸이 확인할 수 없는 길을 가지 못하고, 몸이 갈 수 없는 길을 갈 수 없지만, 엔진이 갈 수 없는 모든 길을 간다."
>
> 김훈, 《자전거여행 1》, 문학동네

얼마 전, 정년퇴직한 선배에게 《자전거여행》을 선물했다. 실제로 그가 자전거를 좋아하는지, 자전거를 가지고 있는지는 묻지 않았다. 책 제목 자체가 물음이었고 대답이었다. 김훈은 책에서 자전거를 타고 나아갈 때 몸속으로 흘러 들어오는 세상의 길들을 이야기한다. 지도 위에 머리카락처럼 표기된 모든 길들이 몸을 열고 흘러 들어와 다시 몸을 이끌고 나아가는 자전거의 아날로그성에 대해 심오한 철학을 펼친다.

＊

모든 교통 기관이 그렇듯 자전거 역시 이동 수단이다. 자동차, 기차, 배, 비행기는 지나가는 길을 알 수 없다. 탈 것과 몸 사이가 두꺼운 강철판으로 완벽하게 차단되기 때문이다. 그에 반해 자전거는 진 땅과 마른 땅, 평탄한 땅과 경사진 땅, 포장도로와 비포장도로를 몸에게 알린다. 페달을 밟는 두 다리와 자전거의 두 바퀴 사이에서 길에 대한 이해와 인식이 교차한다.

자전거와 몸의 합일은 오르막에서 정점을 이룬다. 근육과 허파와 심장을 밖으로 끌어당겨 구동에 힘을 싣는다. 일종의 안간힘인데, 애처롭지 않고 순수하며 정직하다. 앞으로 나아가고, 멈추고, 비틀거리고, 헛발질하고 쓰러지는 자전거 역시 정직한 몸이다. 그 몸은 배기량을 자랑하지 않고 외관을 상관하지 않는다. 그래서 자전거는 순수하고 정직한 이들만이 탈 수 있다. 최고급 세단을 자랑하는 자동차가 가지 못하는 길을 자전거가 갈 수 있는 이유다.

"그러므로 자전거를 타고 오르막을 오를 때, 길이 몸 안으로 흘러 들어올 뿐만 아니라 기어의 톱니까지도 몸 안으로 흘러 들어온다. 내 몸이 나의 기어인 것이다. 오르막에서, 땀에 젖는 등판과 터질 듯한 심장과 허파는 바퀴와 길로부터 소외되지 않는다. 땅에 들러붙어서, 그것들은 함께 가거나, 함께 쓰러진다."

김훈, 앞의 책

만약 자동차가 없어진다면 지금까지 유지해 오던 생활은 불가능해질 것이다. 기동력의 부재로 인한 시간의 지체와 속도감이 사라진 불편한 현실을 못 견딜 것이다. 반면에 자동차로 얻은 문명의 혜택만큼 우리는 아날로그 정서도 많이 잃어버렸다. 주말이나 연휴 때 고속 도로는 밀려드는 차량들로 종일 고역을 치른다. 도심도 마찬가지다. 걷거나 자전거로 갈 수 있는 거리도 자동차를 타고 간다. 계단으로 올라갈 수 있는 곳도 엘리베이터를 타고 간다.

빨리 도착하는 것이 효율적이라면 자전거는 비능률적이며 시대착오적인 기구이다. 자전거는 자동차에 비해 굼뜨고 느리다. 두 다리로 페달을 밟아야만 갈 수 있는 원시적인 기구다. 그러나 자전거는 풍경으로 이끌고 가서 그 속에 사람을 놓는다.

자동차 백미러로 휙휙 지나가는 풍경이 아니라, 사람을 품고 어루만지는 풍경이다. 네모진 창문으로 겨우 내다보는 제한된 풍경이 아니라, 끝없이 펼쳐진 개방된 풍경이다. 그 풍경은 길과 함께 우리 안으로 스며들어 와 아름다운 기억을 제조한다.

그러니 자전거 타는 중년들이여! 비싼 자전거 부품이나 인증 사진에 연연하지 말고 자전거가 주는 최고의 혜택을 누려 보자. 중년은 가진 것이나 이룬 것을 자랑할 시기가 아니라, 제대로 즐기고 보상받으며 행복해야 할 시기다.

아버지는
부재중

"우리 딸은 고기만두를 좋아해요."

영화 〈우아한 세계〉의 조폭 강인구. 그는 가족들의 냉대 속에서도 자식 사랑만큼은 끔찍한 대한민국 가장이다. 위 대사는 만두 가게에서 김치만두밖에 없다고 하자, 고기만두를 만들 때까지 기다리겠다며 한 말이다. 대통령의 머리를 깎는 〈효자동이발사〉의 아버지는 고문당한 아들이 걷지 못하자 사진 속 대통령의 눈을 후벼 파낸다. 영화 〈아마겟돈〉에서는 한술 더 떠서 아버지가 딸의 약혼자를 대신해 죽기까지 한다.

세상 모든 아버지는 자식에게 약하다. 자식 앞에서는 모두가 한없이 약해진다. 그들에게 자식이란 보람이자 아픔이고, 감동이자 고통이다. 오죽하면 '딸바보', '아들바보'라는 말까지 생겨났을까.

전통적으로 아버지는 집안의 절대적인 권력자였다. 가족들은 그의 부성父性에 기대고 그의 원칙을 존중했다. 가족들의 정신적 지주, 권위의 화신, 존경과 두려움의 상징이 바로 아버지였다. 그랬던 그들의 권위가 점점 사라지고 있다. 부권父權이 추락하고 그들의 자리는 비어 있다. 이것이 어찌 된 일일까. 루이지 조야는 저서《아버지란 무엇인가》에서 아버지의 권위 실추는 18세기 산업 혁명과 함께 시작되었다고 주장한다.

산업 혁명 이전의 유럽 사회는 인구의 90퍼센트 이상이 농업에 종사했다. 소수의 귀족들을 제외하면 모두 농부였기 때문에 아버지의 일터는 가족들의 시야에서 멀리 벗어나지 않았다. 별다른 오락거리가 없어 남은 시간은 집안 어른들이 들려주는 옛날이야기를 들으며 보냈다. 책이 귀하고 문맹률도 높았던 당시, 어른들이 들려주는 이야기는 매우 중요한 정보였고 흥밋거리였다. 이런 가족 중심의 농경 사회에서는 자연스럽게 아버지가 중심이 되었고, 권위가 보존될 수밖에 없었다.

어린 소년들은 아버지를 자신의 성장 모델로 삼았다. 소년들은 성인이 된 후에도 아버지가 만들어 놓은 원칙 속에서 자신의 정체성을 찾았다.

산업 혁명 이후 삶의 방식이 바뀌면서 아버지의 자리에도 변화가 생겼다. 아버지의 일터는 공장으로 바뀌었고, 도시화가 가속되면서 수많은 사람들이 도시로 몰려들었다. 영국의 방직 공장들이 여성과 아이들까지 고용하면서 가족의 생계를 책임졌던 아버지의 권위가 추락하기 시작했다. 아내나 자식들이 아버지보다 더 많은 돈을 벌어 올 수 있게 된 것이다. 농부였던 아버지는 가족들의 시야에서 보이지 않았고, 수공업 기술자였던 아버지는 자신의 독창성을 기계에 빼앗겼다.

자부심을 잃은 아버지들은 상실감과 박탈감에 난폭해졌고 가족들과도 멀어져 갔다. 그들에게 주어진 일이란 고작해야 월급을 집으로 가져가는 것뿐이었다. 그것은 들판에서 일을 멈추고 나누어 먹던 수프처럼 따뜻한 보상이 아니라, 기계적이고 차가운 보상이었다. 세상에 적개심을 품은 아버지들은 술을 먹기 시작했고, 가족들은 그런 아버지를 부끄럽게 여겼다.

19세기에 들어와서는 부계 질서를 무너뜨리는 결정적인 사건이 일어난다. 바로 학교의 등장이다. 자녀들에 대한 교육이 아버지에게서 학교로 위임되면서 아버지의 역할을 국가가 대신하게 되었다. 아버지의 전통적 권위에 도전하는 새로운 사고방식이 생겨났고, 자식들은 수직이 아닌 수평적 가치들을 떠받들었다. 새로운 문화는 지식인들을 중심으로 급속도로 퍼져 나갔다. 아버지는 더 이상 자식들을 가르치는 사람이 아니었다. 가족들을 먹여 살려야 하는 사람으로 전락하게 된 것이다.

철학자 니체는 19세기에 신의 죽음을 선언했고, 프랑스 민중들은 왕을 단두대로 보냈다. 신의 죽음과 왕의 처형, 이 두 가지 사건의 상징은 '아버지의 죽음'이라고 루이지 조야는 설명한다.

20세기에 들어와 세계는 두 번의 전쟁을 겪게 된다. 그 과정에서 아들은 전쟁터로 끌려간 아버지를 잃었다. 전쟁에서 영웅이 되지 못한 아버지는 아들에게 버림받았다. 아버지들의 자리가 중심에서 변방으로 밀려났고, 변방으로 밀려난 아버지는 18세기 이후 아직도 부재중이다.

심리적으로 아버지의 역할은 실종 위기를 맞았다. 지난 100년 동안 직업의 변화는 아버지와 자식들 간에 긴밀하게 연결돼 있던 삶의 방식을 단절시켰다. 문명과 산업의 발전으로 아버지들은 이전보다 더 멀리, 더 자주 가족들로부터 떠나야 했다. 그 거리가 멀수록 가족과의 정서적 거리도 멀어졌다. 아버지들은 가족의 생계를 위해 열심히 일했지만, 자신은 혜택을 받지 못했다. 더 많은 돈을 벌고 더 큰 집을 샀지만, 자신은 가족의 영역에서 벗어나 있었다.

미국의 아버지들은 하루 평균 7분의 시간을 자식들과 함께 보낸다고 한다. 우리나라라고 양호할 리 없다. 자식의 양육과 교육이 어머니에게 넘어간 후로는 대화거리조차 궁핍하다. 아버지는 이제 집에서 이방인이 되었다.

> "이미 오래전부터 그들의 공간에 아버지의 자리는 없었던 것이 아닌지……. 정수는 그 액자에서 시선을 떼지 못한 채 자꾸만 외로움의 수렁으로 빠져들고 있었다. 그의 인생 어느 부분을 뒤져도 가슴속 가장 큰 자리에 아내와 자식을 비워 둔 적은 단 한순간도 없었다. (중략) 그런데도 그는 언제부터인가, 그토록 사랑하는 아내, 그리고 자녀들에게서 외로움을 느끼고 있었다. 따져 보면 아무것도 아닌; 그야말로 공허한 것이라 해도 그것은 외로움이었다."

김정현, 《아버지》, 황금물고기

중년들은 탄식한다. '내가 무엇을 잘못했나', '아무리 무능하고 잘난 것 없어도 한 여자의 남편이고 자식들의 아버지 아닌가', '무엇이 비난받고 무시당할 일인가'. '성공하지 못해서?', '연봉이 적어서?', '다른 남자들처럼 잘생기지 못해서?', '차가 외제차가 아니라서?', '아파트가 좁아서?'.

'술이라도 마셔야지, 그렇지 않으면 견딜 수가 없는걸', '술이 아니면 난 어디 가서 위로를 받나? 누가 날 위로해 주나?', '아버지는 돈만 버는 기계인가?', '꼬박꼬박 돈 벌어다 바치는 머슴인가? 그러면서 가족들에게는 영원한 죄인이어야 하나?', '더 많이 못 버는 아버지들은 모두 유죄인가?'.

수많은 중년들이 패닉 상태에 빠져 있다. 그들이 보고 자란 아버지는 남성 우월적인 가부장들이었다. 거칠고 난폭한 마초로, 좌절한 패배자로, 폭압적인 독재자로, 한국 현대사의 희생양으로 살았던 아버지들을 보며 자랐다. 하지만 시대가 달라졌다. 지금은 그런 것들이 통하지 않는다. 그런 아버지는 개인의 권리와 자유를 억압하는 독재자일 뿐이다. 지금의 중년들은 더욱 혼란스럽다. 그들의 아버지가 가졌던 부성과 자신이 지닌 부성과 가족들이 바라는 부성이 다르다. 다름이 그들을 더욱 힘들게 한다.

부성은 문명의 발달과 함께 생겨난 사회적 산물이다. 사회가 변하면 부성의 역할과 권위도 변한다. 20세기 이후 페미니즘이 부각되면서 사회는 기존의 부성 역할에 눈을 감았다. 자녀를 잘 키우기 위한 조건이 할아버지의 재력, 엄마의 정보력, 아버지의 무관심이라는 우스갯소리에도 웃지 못하는 이유가 여기에 있다. 그러나 부성은 사라지지 않았다. 문제는 부성의 부재가 아니라 부성을 찾으려는 노력의 부재에 있다.

우리는 모두 누군가의 자식이다. 누군가의 한쪽은 아버지다. 한쪽이 부재중인 상태라면 삶은 충분할 수 없다. 소설가 김정현의 말처럼 '아비들이 영원한 죄인'이라면, 부재중인 아버지를 어서 불러와야 한다. 그래야 그들을 '유죄'에서 풀려나게 할 수 있다.

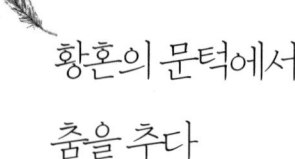

황혼의 문턱에서
춤을 추다

젊다고 하기에는 늙어 버렸고 늙었다고 하기에는 젊은 세대. 인생을 안다고도, 그렇다고 모른다고도 할 수 없는 세대. 디지털이 판치는 시대에 아직도 아날로그가 더 끌리는 세대. 나이 쉰이면 지천명이라는데 하늘의 뜻은커녕 나도 나를 알 수 없어 불안한 세대. 자꾸만 빠지는 머리카락과 가늘어지는 팔다리, 셔츠 단추가 터질 듯 부푼 배가 힘겨운 세대. 과거에는 아버지가 휘둘렀던 권위에 눌리고, 현재는 마누라와 자식들 등쌀에 휘둘리는 세대. 외로워도 외롭다고 말하지 못하는 세대.

조용필의 노래처럼 웃고 있어도 눈물이 나는 세대, 50대. 50대
는 지금 서글프다.

다가오는 노화를 직접적으로 깨닫는 때가 바로 50대이다. 50
대가 되면 지금껏 지켜왔던 것들이 이제는 시대에 뒤처져 있
음을 알게 된다. 다시 새로운 방식을 익히는 것도 두렵고 부담
스럽다. 여태껏 접해 보지 못한 새로운 환경과 마주하기에 자
신은 이미 늙었다고 생각한다.

언제까지 일을 할 수 있을지, 은퇴하면 어떤 일을 해야 할지,
언제까지 건강하게 살 수 있을지, 친구들 중에 누가 제일 먼
저 죽을지, 연금이 언제부터 나올지, 스스로에게 수많은 질문
들을 쏟아 놓는 때다. 제임스 홀리스는 "중년을 살아가는 일은
항구가 보이지 않는 바다 위에서 기울어져 가는 배에 혼자 승
선했음을 발견하는 것과 같다. 배로 돌아가 잠들 수 있고, 배
에서 내리거나 키를 잡고 항해하는 것도 가능하다"라고 했다.

50대는 노년이 되기 전의 마지막 기회다. 50대를 어떻게 항
해하느냐에 따라 노년의 향방이 달라진다. 그러니 당신이 50
대에 접어들었다면, 어두운 동굴로 들어가는 입구라 생각하지
말고 새로운 문턱이라고 생각해야 한다. 이 문턱을 잘 넘어야
늙어도 퇴락하지 않는 노년을 맞을 수 있다.

"가야 할 때가 언제인가를 / 분명히 알고 가는 이의 / 뒷모습은 얼마나 아름다운가"

이형기 시인의 〈낙화〉라는 시의 한 구절이다. 떠남이란 슬픈 일이다. 떠남의 주체가 자신일 때는 더욱 서글프다. 떠나야 할 때를 알고 떠난다는 것은 자신의 존재를 자각하는 행위다. 꽃이 져야 하는데도 기어코 가지에 대롱대롱 붙어 있다면 얼마나 궁상맞고 비굴해 보이겠는가. 50대는 떠나야 할 때를 투명하게 인지하고, 때가 오면 미련 없이 내려와야 하는 때다. 지금 당신은 아름다운 뒷모습을 위해 어떤 준비를 하고 있는가.

〈쉘 위 댄스〉는 춤을 통해 삶의 활력을 되찾은 중년의 삶을 그린 영화다. 대기업 간부인 50대 스기야마는 가족들과 함께 남부럽지 않게 살고 있었다. 그는 언젠가부터 삶에 의욕을 잃었고, 그 상태로 축 늘어진 채 하루하루를 버티듯 살게 되었다. 그러던 어느 날이었다. 매일 전철을 타고 출퇴근하는 스기야마의 눈에 한 여인이 들어온다. 어느 댄스 교습소 창가에 고독하게 서 있는 여인이었다. 그는 용기를 내 댄스 교습소를 찾아간다. 여인은 마이라는 춤 강사였다. 스기야마는 댄스 교습을 신청한다. 처음에는 마이를 유혹하고 싶은 마음도 들었으나, 곧 춤추기를 즐기며 춤 자체를 사랑하는 경지에 이르게 된다. 마이 역시 스기야마에게 춤을 가르치며 춤의 진정한 의미에 대해 깨닫게 된다. 가족들이 알게 되어 할 수 없이 교습소를 떠나는 스기야마에게 마이의 편지가 전해지는데, 편지에는 이렇게 쓰여 있었다.

"Shall we dance?(우리 함께 춤출까요?)"

> "우리는 모두 조금씩은 춤의 세계를 만나기 전의 스기야마처럼 살아간다. 삶에 지치고 까닭 모를 권태에 휘청거리고 이유 없는 불안에 내몰리면서도 하루하루 일탈할 수 없는 일상의 궤도 위로 위태위태하게 끌려가는 것이다."

이왕주, 《철학, 영화를 캐스팅하다》, 효형출판

전차를 기다리는 잠깐 동안, 스기야마는 스텝을 밟으며 춤의 즐거움에 빠진다. 철학자 이왕주는 저서 《철학, 영화를 캐스팅하다》에서 '춤은 결과가 아니라 과정이고, 블랙풀처럼 먼 미래를 위한 것이 아니라 내가 지금 발을 디디고 선 플랫폼 같은 현재를 위한 것이며, 승자가 되기 위한 것이 아니라 사랑하는 자가 되기 위한 것'이라고 말한다.

50대는 수십 년 동안 성공과 출세를 위해 물불 가리지 않고 뛰어온 세대다. 사랑보다는 성공을 위해 삶의 맛도 모르고 앞만 보며 달려온 세대다.

춤이란 무엇인가. 반복되는 일상으로 지친 몸에 활력을 불어넣는 동작이다. 긴장과 탄력을 느끼며 몸을 일으키고, 앞으로 혹은 옆으로 미끄러지며 몸의 생동감을 느끼는 율동이다. 리듬감이 없으면 어떠랴. 발을 헛디뎌 실수 좀 하면 어떠랴. 세상이 만드는 진동에 몸을 맡기고 흥을 느끼면 되는 것 아닌가.

인생을 춤에 대비하자면 지금까지는 그랑프리에서 우승하기 위해 뛰어온 것이 아닌가. 세상이 정해 놓은 목표를 향해 가혹한 훈련을 견디며, 미끄러지지 않기 위해 안간힘을 쓰며 살아온 것이 아닌가.

이왕주는 니체도 춤을 찬양했다고 말한다. 춤은 육체와 대지를 긍정하는 위대한 의식이었으며, 자신의 몸을 긍정하는 자만이 춤을 출 수 있고 대지를 진정으로 신뢰할 수 있다는 것이다. 이는 춤을 잘 추느냐, 추지 못하느냐의 문제가 아니라 그 과정에서 느끼는 기쁨과 환희를 말하는 것이리라.

50대는 젊은 노년이다. 이쯤 되면 세상사에 어느 정도 통달하게 된다. 그럼에도 정작 자신의 내면에서 들끓는 열정에 대해서는 무지하다. 사는 것이 바쁘다 보니 정작 자신을 돌아볼 시간이 없었던 까닭이다.

무작정 춤바람이 나라는 이야기는 아니다. 50대에는 인생의 갖은 양념을 맛보면서 살아야 한다. 이제는 그래도 된다. 그동안 먹고사느라 보상받지 못했던 인생의 진정한 맛들을 찾아도 된다. 세상은 아직 당신이 경험하지 못한 것들로 넘쳐 난다. 그것을 잡느냐 마느냐는 자신의 마음 먹기에 달려 있다. 제임스 홀리스의 말처럼 배에서 뛰어내리는 것도, 키를 잡고 항해를 하는 것도 결국 당신의 몫이다. 오십대는 스기야마가 춤을 추듯 뜨겁게 살아야 한다. 그렇게 살아야 할 의무가 당신에게 있다.

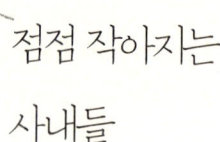

점점 작아지는
사내들

　40, 50대를 지난 중년들은 부정부패와 비리로 얼룩진 한국 현대사에서 독재 타도와 민주 쟁취를 외치며 살아온 이들이다. 푹푹 찌는 자취방에서 역사와 혁명에 대해 열띤 토론을 하고, 박노해 시인의 〈노동의 새벽〉을, 김지하 시인의 〈타는 목마름으로〉를 가슴에 품었던 이들이다. 낡은 군복을 걸치고 앉아 막걸리를 마시며 사랑을, 군대를, 시대를 고민했던 이들이다. '찢기는 가슴 안고 사라졌던 이 땅의 피 울음 있다'라고 누군가 부르는 〈광야에서〉를 모두 따라 부르며 뜨거운 눈물을

흘렸던 이들이다.

그들의 아버지가 독일에서 석탄을 캐고, 월남에서 전쟁을 할 때 태어났다. 그들에게 세상은 온갖 모순과 부조리 덩어리였다. 그들은 그런 아버지 세대를 부정했다. 결국 청년이 되자 그들은 기꺼이 저항의 불길 속으로 몸을 던졌다. 그러다 어떤 이는 투사의 길을 갔고, 어떤 이는 국회 의원이 되었다. 사장이 되고, 공무원이 되고, 대리운전 기사가 됐다. 또 어떤 이는 죽거나 행방불명이 되었다. 세상을 바꿔 보자고 한 목소리를 냈던 그때의 청춘들은 어디에선가 무엇이 되었다. 그리고 이제는 탈모와 은퇴를 걱정하는 중년이 되었다.

빅토르 위고가 말한 '청춘의 노년기, 노년의 청춘기'란 40, 50대 중년층을 의미한다. 실제로 사람의 노화는 35세부터 시작된다. 머리가 희어지고, 주름이 패이고, 힘이 떨어지고, 감각도 둔해지고, 대동맥도 가늘어지고, 혈압도 상승한다. 관절염은 35세에서 55세 사이에 가장 많이 발병한다. 40세부터는 백혈구가 줄어들어 암이나 감염성 질환에 취약하다. 전립선이 비대해지며, 음경에 혈액이 충분히 공급되지 않는다. 혈류량의 감소로 발기와 사정에 걸리는 시간도 점점 길어진다. 이때 알 수 없는 미안함과 노여움이 쌍둥이처럼 자기 안에 자라기 시작한다. 미안함은 아내를 향하고, 노여움은 자신을 향한다.

복부의 안팎으로 쌓이는 지방도 문제다. 근육이 퇴화하면서 물렁물렁한 지방이 복부에 들어찬다. 남성은 석기 시대부터 수렵과 채집을 위해 필요한 지방을 복부에 저장해 왔다. 그 때문에 늙으면 뚱뚱한 배와 가느다란 팔다리를 가진 체형이 되었다. 복부 비만은 당뇨, 고혈압, 심장 질환 등을 유발한다. 게다가 뚱뚱하면 성적 매력도 떨어진다. 비만은 이래저래 골칫덩이긴 하지만, 한 가지 희망은 있다. 식단 조절과 운동을 통해 얼마든지 개선할 수 있다는 것이다.

비만 외에도 중년들의 고민은 더 있다. 그중 대표적인 고민이 바로 탈모다. 갈수록 이마가 뒤로 물러나거나, 정수리가 점점 비기 시작한다. 호르몬 분비가 줄어들어 머리카락을 생성하는 세포들이 파괴되거나 비활성화되기 때문이다.

탈모에 대한 치료법은 기원전 4천 년 전으로 거슬러 올라간다. 현존하는 가장 오래된 문서 중 하나인 〈에버스 파피루스〉에 따르면 이집트 남성들은 탈모 치료약으로 다음의 해괴한 것들을 처방했다. 바닷게의 담즙, 검은 소의 뿔에서 받은 피, 나귀의 발굽을 태운 재, 암캐의 음부와 발톱으로 조제한 비약. 의학의 눈부신 발전에도 불구하고 6,000년 전이나 지금이나 우리는 하루에 100개 이상씩 머리카락이 빠지는 안타까운 현상을 지켜보고 있다.

≋

신체적으로 중년은 몸을 이루고 있는 모든 물질이 작아지고 줄어드는 시기이다. 이것은 명징한 사실이다. 막을 수도 없고 피할 수도 없다. 예방 주사로 간단히 물리칠 수 있는 것도 아니고, 뭘 자꾸 집어넣는다고 해결될 일도 아니다. 물론 40, 50대에 20, 30대의 체형과 탄력을 유지하는 특별한 중년들도 있기는 하다. 그러나 대동맥의 벽에 쌓이는 지방과 작은창자, 콩팥의 무게가 점점 줄어드는 것을 막을 수는 없다.

어떤 이들은 외도를 하기도 하고, 스포츠카를 타거나 어느 날 갑자기 귀를 뚫기도 한다. 데이비드 실즈의 말을 빌리면 생물학적 견지에서 이런 행동들은 '희미해져 가는 빛에 분노하는 심오한 반항'이다. 그러나 신은 결코 40세 이후의 중년들에게 친절하지 않다. 이제 중년들은 젊었을 때 받은 신의 혜택을 기꺼이 돌려주어야 한다. 이 말에 거부감을 느낀다면 당신도 희미해져 가는 빛에 분노하는 중년 중 한 명이다.

"마흔 줄에 들어서면 우리 몸은 둔갑술에라도 걸려드는 것 같다. 알게 모르게 일어나는 점진적 변화가 아니라, 어깨를 확 잡아채 낯선 방향으로 돌려놓는 식의 갑작스럽고 뚜렷한 변화들이 우리의 발생 프로그램에 심어져 있다. 물론 마흔 살에 별안간 '늙어 버리는' 건 아니다. 하지만 변화는 깜짝 놀랄 만큼 돌연하며, 이 빠른 속도는 그 변화가 체계적으로 방향 잡힌 과정임을 보여 준다. 몇 년 내에 우리 삶의 주안점이 완전히 바뀐다."

데이비드 베인브리지, 《중년의 발견》, 청림출판

남성들은 경쟁과 성과를 매우 중요하게 생각한다. 그들은 모든 일에 내기를 걸 수 있으며, 경쟁에서 이기거나 무언가를 성취했을 때 자신의 정체성과 존재감을 느낀다. 정치, 경영, 직장 생활, 스포츠, 심지어 성생활에서도 마찬가지다. 남성들의 권력과 성공에 대한 집착은 여성의 외모에 대한 집착만큼이나 강하다.

남성들의 성과 지향에는 심리적 함정이 있다고 비요른 쥐프케는 말한다. 지나친 성과 지향적인 태도가 역설적이게도 평소 피하고자 했던 허약함, 무력감을 불러일으키는 원인이 된다는 것이다.

성과 중심 사회에서 중년은 피로하다. 체력이나 적응력 등 여러 면에서 젊은 20, 30대를 앞지르지 못한다. 그럴 때 그들은 자신의 한계를 확인하고 절망에 빠진다. 절망은 극심한 피로와 심리적 위축을 수반한다. 시간이 지날수록 자신을 부정하게 만든다. 자신감의 과잉이 불러온 부작용이다. 이 부작용은 평생에 걸쳐 나누어 써야 할 에너지의 총량을 탕진한 결과이다. 한때 세상을 향해 정의를 외치던 거인은 이내 작은 사내가 되고 말았다.

마침내 작아져 버린 사내들, 더 이상 작아질 수 없는 사내들은 애처롭다. 이자를 따지고, 기름값을 따지며 그들은 괴로워한다. 수백억 원을 횡령한 정치인을 보며, 자신의 마이너스 통장 잔액을 보며 서럽다. 친구가 점심값을 내는 동안 앞에 뻔히 보이는 구두를 찾으며 서럽고, 책이나 양말 속에 몇 푼의 현금을 아내 몰래 감추며 서럽다. 승진에서 물먹고 술자리에서 상사에게 덤비며 서럽다. 노래방에서 바지 지퍼가 열린 것도 모르고 노래 부른 것을 알아차리며 서럽다. 서러움은 영혼 안에 들어앉은 큰 슬픔통이다. 그 안에는 중년의 강을 건너면서 느껴지는 다양한 슬픔이 뒤섞여 있다. 중년이라는 무게에 눌려 어디서도 서러움을 내색할 수 없는 중년은 오늘도 서글프다.

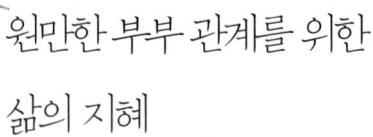

원만한 부부 관계를 위한
삶의 지혜

연애할 때는 그랬다. 숨길 것은 철저히 숨기고, 포장은 최대한 과감하게. 그것이 주변에서 알려 준 연애의 정석이었다. 내 사람으로 만들기 위해 은폐와 과장은 너무도 당연했다. 목표 달성을 위해서라면 어쩔 수 없었다.

과거 연애의 흔적들을 깔끔하게 삭제하는 것은 기본이고, 성격의 단점이나 별난 식성, 복잡한 가족 관계나 나중에 알게 될 신체적 특징들은 모두 사후 공개로 미뤘다. 평생 들어가 본 적 없는 꽃집에 들러 꽃을 사고, 속옷 매장에서 사이즈를 묻는

직원에게 한쪽 손을 오므리고 '이 정도인 것 같은데'라며 얼굴을 붉혔다. 데이트가 있는 날이면 몇 개 있지도 않은 넥타이를 몇 번씩 갈아매고, 상대의 손만 스치거나 어깨만 닿아도 몸속에서 강렬하게 솟구치는 불화살을 가라앉히느라 애를 먹기도 했다. 술에 취한 상대가 어깨에 기대 오면 집에 가야 하나 말아야 하나 그 의도를 알 수 없어 고민도 됐다. 마침내 법적으로 부부가 되었을 때의 성취감이란!

이때까지만 해도 결혼의 성공이 사랑의 실패라고는 생각하지 못했다. 막상 결혼하고 나면 아름다운 오해에서 시작해 참담한 이해로 끝나는 일련의 과정을 온몸으로 체험하게 된다. 몽환적이고 매혹적인 이상 세계에서 누군가의 남편으로, 누군가의 사위로, 누군가의 아버지로 살아가야 하는 잔인한 현실 세계로 진입하게 된 것이다.

한집에서 함께 밥 먹으며 매일 같이 자고 일어나고 생리적, 본능적, 경제적 문제를 함께 풀어야 하는 상대는 과거 당신의 마음을 설레게 했던 연인에서 돈 걱정, 자녀 걱정을 입에 달고 사는 대한민국의 슈퍼 아줌마가 된 지 오래다. 아내를 만족시키기 위한 방법은 의외로 간단하지만, 종류가 다양해 혼란스러울 때가 있으니 이쯤에서 정리하고 넘어가겠다.

- 자주 스킨십을 한다.
- 칭찬을 아끼지 않는다.
- 문제가 생기면 즉시 해결해 준다.
- 아내가 하는 말에 무조건 동의한다.
- 같이 걷는다.
- 먹여 준다.
- 어깨를 포근히 감싸 주거나, 등 뒤에서 따뜻하게 안아 준다.
- 가벼운 농담으로 아내를 즐겁게 해 준다.
- 살찐 것을 섹시하다고 해 준다.
- 어떤 상황에서도 보호해 주려는 모습을 보인다.
- '지금 뭐 해?'라고 자주 묻는다.
- 옷이나 가방, 액세서리 등을 종종 선물한다.
- 가방을 들어 주거나 자동차 문을 열어 주고, 겉옷을 입을 때 도와준다.
- 멋지고 아름답다고 말해 준다.
- 음식이 맛없어도 맛있다고 감탄해 준다.
- '고맙다'는 감사 표현과 '당신이 최고'라는 칭찬을 아끼 지 않는다.
- 장인, 장모, 처형, 처제, 처남에게 잘한다.

- 다시 태어나도 당신과 결혼하겠다고 말해 준다.
- 요리를 해 주거나 가끔은 손발이 오그라드는 이벤트도 한다.
- 가장 중요한 것이 있다. 아내의 생일, 결혼기념일, 부부의 날을 국경일보다 더 중요하게 생각해야 한다.

(이 대목에서 책을 덮고 싶더라도 조금만 참으시라.)

당신이 중년이라면 결혼한 지 20년에서 30년 이상이 되었을 것이다. 그 정도의 경력이면 결혼 생활에서 베테랑이 될 만한 기간이다. 그렇다면 실제로도 과연 그러한가. '어떻게 이런 사람과 30년 넘게 살을 부비며 살아왔을까' 생각만 해도 놀랍지 않은가. '도대체 눈에 뭐가 씌어서 여기까지 온 것일까', '아내는 나에게, 나는 아내에게 무슨 의미일까', '과연 앞으로 남은 인생을 이렇게 살아도 될까' 하고 고민하게 될 것이다.

알면 알수록 알 수 없고, 가면 갈수록 멀어지는 때도 있다. 결혼과 동시에 모든 것이 적나라하게 드러나는데, 긴 세월 동안 섬뜩한 충격들을 겪어 왔음에도 여전히 아내가 낯선 순간이 있다. 그럴 때도 혼자 분노하거나 일방적으로 당했다고 생각하지 말자. 왜? 당신의 아내도 당신과 똑같은 생각을 가지고 있으니까. 소설가 박범신은 아내와 맞지 않는 부분에 대해 다음과 같이 말했다.

> "아내는 예컨대 국수나 만두 같은 것들을 좋아하지만 내게 밀가루 음식은 주식일 수 없다. 아내는 까끌까끌한 침대 시트를 좋아하는데 나는 까끌까끌한 질감의 시트는 아주 질색이다. 아내는 또 초저녁잠이 많고 나는 새벽잠이 많으며 아내는 늘 변비인데 나는 늘 설사를 한다. (중략) 한도 끝도 없다. 우리 부부의 경우, 서로 안 맞는 걸로 말하자면 100까지 가는 건 물론 200까지 가는 것도 식은 죽 먹기처럼 쉽다. 30여 년 동안 찾아서 쌓아 온 것이니 얼마나 많겠는가. 그 대신 맞는 건 참 적다."

박범신, 《남자들, 쓸쓸하다》, 푸른숲

중년들에게 '지금 자신의 인생에서 되물리고 싶은 것이 있다면?' 하고 묻는다면 십중팔구는 결혼이라고 대답할지도 모르겠다. 은폐하고 과장하며 그곳이 불바다인 줄도 모르고 뛰어드는 나비처럼 육신과 영혼을 던졌던 시절에는 당연히 이럴 줄 몰랐을 것이다.

다른 부부들도 이렇게 뻔한 관계로 살아가고 있을까. 기분 좋은 긴장감과 설렘이 사라진 상태, 창고 한구석에 처박아 둔 오래된 전자 제품처럼 사용하고 싶지도, 작동되리라 기대하지도 않는 심심하고 무료한 관계, 명도와 채도를 알 수 없이 의례적이고 관습적으로 사는 관계, 일정 간격을 두고 건조하게 사는 관계가 진정 원만한 관계일까.

하지만 어쩔 수 없다. 당신이 50대라면 적어도 30여 년은 더 이 생활을 견뎌야 한다. 되물리고 싶은 관계를, 결코 원만하지 않은 생활을 원만하게 견뎌야 한다. 그렇다고 절망하거나 슬퍼할 일만은 아니다. 앞서 결혼은 사랑의 실패라고 했지만, 사실 사랑에 실패란 없다. 무엇이 실패고, 무엇이 성공이란 말인가. 사랑했던 순간 자체로 사랑은 완전하다. 사랑하는 순간만큼은 사랑 자체가 전부이다.

문제는 결혼 후에도 사랑이 영원히 지속될 것이라는 잘못된 기대에서 발생한다. 그래서 실패하는 것이다. 지금 당신은 아내를 사랑하는가. 머뭇거린다면 사랑하지 않는 것이고, 자신 있게 말한다면 뭔가 찔리는 것이 있다.

물론 그렇지 않은 부부들이 더 많다고 믿고 싶다. 원만한 부부 관계를 위해 거들 수 있는 말은 솔직히 없다. 대부분의 부부들이 남편이나 아내를 있는 그대로 받아들이기보다는 내가 원하는 방식으로 길들이려 한다. 상대를 내가 원하는 모습으로 바꾸려 하지 말자. 다른 대상과 비교하지 말자. 그것은 100퍼센트 실망으로 이어진다. 불가능한 것은 불가능한 채로 두어야 한다. 가능하게 개조하려는 순간 인생이 꼬이기 시작한다.

돌이켜 보면 중년에 접어든 당신은 상대의 배우자로, 아이들의 부모로 수십 년 동안 한 가정을 지켜 온 지극히 원만한 사람이다. '사랑의 완성이 결혼'이라고 생각했던 그때와 지금은 생각이 다를 수 있다. 그때는 최선의 선택이었고 적절한 판단이었다. 절박하고 애틋한 사랑이었다. 그 사랑의 감도와 온도가 달라졌다고 해서 사랑이 아니었다고 부정할 수는 없다.

이전의 감정을 끌고 와서 지금의 사랑과 맞추려 하니 당연히 맞지 않을 수밖에 없다. 사랑은 원래 맞지 않는다. 하나부터 열까지 다 맞는 사랑은 없다. 있다면 조작이다. 많은 부부들이 지금도 어디에선가 서로를 흘기고 실망하면서 불평하며 산다. 그 속에는 당신이 놓치고 있는 소중한 것이 들어 있다. 그것이 무엇인지는 당신이 직접 찾아 깨닫길 바란다.

불륜은 '힐링'이 아니라
'킬링'이다

남자와 여자가 만나 한평생 상대방만을 바라보며 산다는 게 쉬운 일은 아니다. 미국의 문화 인류학자 마거릿 미드는 인간의 혼인 제도 중에서 가장 지키기 어려운 것이 일부일처제라고 했다. 성적 파트너가 단 한 명뿐이어야 한다는 것이 인간의 본능과는 맞지 않는다는 주장이다. 그는 일부일처인 조류들의 새끼 중 10~40퍼센트가 다른 수컷의 자식임을 밝혀냈다. 평생 해로할 듯 보이는 새들도 속사정은 아니더라는 이야기다.

미국의 성인 여성 25퍼센트가 외도 경험이 있다는《킨제이 보고서》만 보더라도 본능 앞에 도덕이 얼마나 무력한지 알 수 있다. 툭하면 나오는 명사들의 염문설도, 불륜 드라마가 끊임없이 만들어지는 것도 이런 현실을 반영한다. 더구나 결혼 생활에 어느 정도 이골이 난 중년에게 '샛길로 빠지기'란 물리치기 쉽지 않은 유혹이다.

카일 브라우닝, 폴라 존스, 캐슬린 윌리, 린다 트립, 모니카 르윈스키는 모두 클린턴과 염문설을 뿌린 여인들이다. 타이거 우즈는 자신의 섹스 스캔들과 관련해 '열심히 살았으니 즐겨도 된다고 생각했다'고 고백했다. 지나친 자신감이 화를 자초한 사례들이다.

우리나라에도 명사들의 섹스 스캔들에 와글와글 말들이 많다. 어디 명사들뿐인가. 평범한 중년들도 이런저런 유혹에 흔들리며 산다. 유혹에 흔들리지 않는 불혹不惑이 아니라 '불같은 유혹'에 뛰어들고 싶은 시기가 중년이다. 처자식 먹여 살리느라 지금껏 치른 고생에 대한 보상 차원에서라도 일탈하고 싶은 충동이 드는 때가 바로 중년이다.

나이 든 남자가 바람을 피우는 것은 약해진 성 기능에 대한 불안감을 떨쳐 내기 위함이라는 주장도 있다. 아내에게서 느끼지 못하는 성적 감흥을 다른 여성을 통해 느낌으로써 자신의 남성성을 확인하는 것이다. 해부학자 데이비드 베인브리지는 대부분의 남성은 자기보다 어린 여자를 선호한다고 주장한다. 사회적 관습의 결과라기보다는 본능에 기인한 성적 전략이다. 암수 한 쌍이 결합해 성장이 느린 자식을 오랫동안 보살피려면 엄마 노릇을 장기간 할 수 있는 젊은 여자가 최적이기 때문이다. 나이 든 남성이 젊은 여성에게 눈을 돌리는 것은 이런 진화 프로그램이 적용된 자연스러운 현상이다.

최근 들어 연상의 여자와 연하의 남자가 맺어지는 추세가 늘고 있지만, 여전히 남성이 연상인 커플이 우세다. 여기서 또 한 가지 흥미로운 사실은 남성들이 연령대별로 선호하는 나이가 다르다는 것이다. 18세의 남자는 자기보다 나이 많은 여자를 찾지만, 점점 갈수록 줄어들어 중년이 되면서부터는 자기보다 어린 여자를 찾는다. 70세에 이르면 평균 16세 연하의 여자를 찾는다고 한다. 물론 세상의 모든 중년 남성들이 젊은 여성의 꽁무니만 쫓아다니는 것은 아니다.

중년은 신체적 노화가 시작되는 시기이다. 평균적으로 남자는 40세 이후 매년 1밀리미터씩 키가 줄어든다. 근육과 골격이 줄기 때문이다. 자신감의 상징이었던 뼈와 근육이 감소하면서 성 기능도 위축된다. 발기 부전 치료제라 불리는 비아그라 외 이름도 이상야릇한 약들은 피임약 이후 성 혁명을 이끌었다는 호평을 받으며 1998년부터 수십억 개가 팔려 나갔다. 말 못 할 고민을 안고 사는 남성들이 그만큼 많다는 반증이다.

신체적 변화만이 아니다. 중년은 심리적 격변을 심하게 겪는다. 자신에 대한 재평가, 성과에 대한 압박감, 자신의 정체성, 은퇴나 노년에 대한 두려움 등으로 머릿속이 복잡하다. 매일 반복되는 일상에 반감이 생긴다. 도덕, 책임, 의무, 성실, 신뢰 등의 지긋지긋한 굴레로부터 한순간이라도 벗어나고 싶은 욕망의 바람이 분다. 그 욕망의 중심에 불륜이 있다.

알렉산드로 바리코의 《비단》은 누에 상인 에르베 종쿠르와 그의 아내 엘렌의 이야기를 그린 소설이다. 이 소설을 관통하는 큰 줄기는 불륜이다. 프랑스에서 일본까지 누에 무역을 하는 종쿠르가 한 일본 여성을 보고 사랑에 빠지면서, 그 여성에 대한 열망으로 수만 리 떨어진 일본을 오가는 이야기가 주를 이룬다.

"그렇게 있어요. 당신을 바라보게요. 당신을 그렇게 많이 바라보았지만 당신은 제 사람이 아니었습니다. 지금 이 순간 당신은 제 사람입니다. 가까이 오지 마세요, 제발. 그냥 거기 그대로 계세요. 이 하룻밤은 온전히 우리만의 것입니다."

알렉산드로 바리코, 《비단》, 새물결

이 편지는 종쿠르의 불륜을 알고 있는 아내가 직접 써서 종쿠르에게 보낸 것이다. 노골적인 성애에 대한 열망으로 가득한 편지가 자신이 그토록 욕망하는 여인이 아니라, 생전에 아내가 써서 배달시켰다는 사실을 알고 종쿠르는 놀란다. 그는 소설의 마지막에 '산들거리는 잔물결 속에서 일렁이는, 도무지 알 수 없는 것이 인생'이라고 회상한다. 그러나 현실의 불륜은 소설처럼 아름답고 애절하지만은 않다.

불륜은 결혼 생활을 위협하기 때문에 비난받는다. 사랑의 결속이 예전에 비해 느슨해지기는 했지만 도덕의 힘은 여전히 막강하다. 사랑이 무엇인가. 한마디로 욕망이다. 황홀경을 느끼게 하는 페닐에틸아민이라는 성호르몬을 통해 욕망을 채우는 일이다. 이 중대한 일이 한 사람과 지속적으로 이루어질 수 있다고 생각하는 사람은 극히 드물다.

사랑에 굶주리고 목말라하는 애정 결핍 상태에 놓인 사람들은 차고 넘친다. 배우자에게서 얻지 못하는 성적 희열을 다른 이성에게 구하는 것도 바로 이런 욕망을 채우기 위해서다. 실제 남편의 외도를 경험한 루이즈 디살보가 쓴《위기의 아내는 무엇으로 사랑하는가》에는 불륜 남녀의 심리와 극복 과정이 담겨 있다.

> "불륜은 동경과 상실의 이야기다. 끊임없이 욕망과 욕망을 실현하는 자유에 대해 말하는, 하여 불륜은 또한 자율의 이야기일 수밖에 없다. 그런가 하면 불륜은 슬픔을 말한다. 모든 불륜은, 그 시작은 얼마나 행복했든 간에 결국은 예상했던 것보다 훨씬 더 큰 슬픔과 마주한다. 불륜은 슬픔의 씨앗이기 때문이다. 그 슬픔을 통해 어떤 유익을 얻게 되더라도 슬픈 건 슬픈 거다. 아픈 건 아픈 거다."

루이즈 디살보, 《위기의 아내는 무엇으로 사랑하는가》, 산해

불륜의 세계에는 결혼 생활에서 흔히 발생하는 잦은 말다툼, 돈 걱정, 무관심, 의무 수준의 섹스가 없다. 대신 달콤한 사랑, 감미로운 속삭임, 격정적인 섹스, 나른한 쾌락이 있다. 비통해하거나, 적의를 품을 일도, 의무감에 치르는 지루한 섹스도 없다. 그렇기 때문에 사람들은 건조한 현실을 피해 불륜이라는 뜨거운 지옥 속으로 달아난다.

　불륜을 시작하는 사람들은 마치 자신의 존재를 다시 발견한 듯 들뜬다. '내 인생은 나의 것'이라며 자유를 주장하기도 하지만, 결국 통제 불가능한 상태가 된다. 어떻게 불이 붙었든 간에 결말은 처참하다. 들통나고, 비난받고, 위기를 맞고, 가정이 붕괴된다. 빌 클린턴도 타이거 우즈도 모두 같은 길을 갔다. '힐링'인 줄 알았으나 '킬링'으로 막을 내리는 것이 불륜의 생리다.

　중년 남성들은 불륜에 대해 이렇게 호소할지 모른다. 아내가 싫어서 다른 여자를 만난 게 아니라고. 아내와는 별개로 삶의 다른 출구가 필요했다고. 그래서 다른 여자의 도움이 필요했다고. 불륜이 사랑의 한 방식인지, 아니면 비난받아야 마땅한 죄악인지는 독자들의 판단에 맡긴다. 다만 지구 상에 불륜이 끊임없이 생성되고 소멸되는 것을 보면 일부일처제란 결혼 제도가 자연 본능에 위배됨은 분명하다.

　불륜에 빠지면 얻는 것보다 잃는 것이 더 많다. 이기적이고 파렴치한 인간이 된다. 욕망이 이끄는 대로 행동하다 결국 파국을 맞는다. 불륜의 결말이 뻔함에도 순간의 달콤함을 버리지 못해 가지 말아야 할 길을 가는 이들이 많다. 사전에 의하면 바람은 '몰래 다른 이성과 관계를 가짐'이라고 한다. 관계가 신체적인 것인지, 정신적인 것인지에 대한 설명은 없다. 언어학자들이 바람이라고 명시한 데는 그럴 만한 이유가 있을 터이다. 바람, 그것은 결코 한곳에 머물지 않는다.

알다가도 모를
여자들의 심리

　남자들은 도무지 알 수가 없다. 여자들이 전철 안에서 눈을 희번덕거리며 화장을 하는 이유를. 남자들은 이해할 수 없다. 2시간 넘게 통화를 하고 난 뒤 자세한 이야기는 만나서 하자는 여자들을. 남자들은 알지 못한다. 왜 여자들이 값비싼 명품 가방에 환장하는지. 남자들은 모른다. 쉽고 간단하게 하면 될 말을 여자들은 왜 복잡하게 빙빙 돌려서 말하는지. 남자들은 답답하다. 운전 미숙, 신호 위반에 10분 이상 걸리는 여자들의 주차 행태가. 남자들은 당혹스럽다. 바람피우고 온 날, 귀신같이 알아차리는 여자들의 동물적인 육감 때문에. 정말이지 여자란 진입, 도달, 착륙이 어려운 머나먼 행성이다.

> "여자들은 아무 데서나 막무가내로 콤팩트를 꺼내 든다. 여자들의 혼백은 거울 속으로 무섭게 집중한다. 그때 여자들은 마치 거울 밖 세상을 버리고 거울 속으로 빨려 들어갈 것만 같다. 화장을 마치고 나면, 딸가닥, 콤팩트가 닫히는 금속성 소리와 함께 여자들은 거울 밖 세상으로 돌아온다."
>
> 김훈, 《너는 어느 쪽이냐고 묻는 말들에 대하여》, 생각의나무

공공장소에서 화장하는 여자들을 보면 화장을 '한' 모습보다 '하는' 모습을 보여 주기 위한 듯하다. 화장을 마친 여자는 아름답지만 지난한 과정은 위태로워 보이기도 하다. 특히 '아이라인'이라고 해서 눈의 안쪽 부분부터 눈꼬리까지 이어지는 포물선을 그릴 때나, 마스카라로 속눈썹을 말아 올릴 때면 허옇게 드러난 눈자위가 섬뜩해 보이기까지 한다. 공포 영화에서나 볼 만한 표정이다. 여자들은 어떻게 저런 표정을 얼굴 속에 감추고 있는지 모르겠다.

외출을 위해 1시간 이상을 어려운 공사에 힘 쏟는 여자들을

남자들은 이해하지 못한다. 한 번도 여자였던 적이 없기에 공들여 화장하는 여자의 속을 알 리 없다.

여자들은 동시다발적이다. 한 번에 여러 가지 일을 처리하는 데 탁월한 능력을 가지고 있다. 여자들은 텔레비전을 보면서 일, 가족, 남편, 일상, 물가, 연예인 등의 다양한 화제를 쏟아 놓는다. 그녀들의 수다는 대단히 열성적이며 지속적이다. 여자들이 엄청난 양의 말을 할 수 있는 것은 말하면서 좌뇌와 우뇌를 동시에 사용하기 때문이라는 연구 결과가 있다. 머릿속에 수다 전문 기관이 좌측과 우측에 본관과 별관처럼 존재한다는 이야기다.

반면에 남자들은 의사소통과는 거리가 멀다. 그들은 선사 시대부터 사냥감을 추적하기 위해 비언어적인 신호를 사용했을 뿐, 수다를 떨지는 않았다. 먹잇감을 잡기 위해 오랜 시간을 말없이 앉아서 기다리는 남자들을 상상해 보라. 그러니 2시간 동안 전화 통화한 뒤 자세한 이야기는 만나서 하자는 여자들을 도무지 이해할 수 없는 것이다. 여자들이 남자들에게 많이 하는 '왜 말 안 해?'와 남자들이 여자들에게 자주 하는 '꼭 말해야 해?'의 근원적인 차이가 여기에 있다.

남자들이 이해하지 못하는 여성들의 심리 중 하나가 명품 가방에 대한 집착이다. 명품 가방에 대한 여자들의 선망은 끝이 없다. 여자들에게 가방은 화장만큼 중요한 치장이고 장식이다. 남들의 시선을 끄는 일은 자신감을 강화시킨다. 이때 가방은 심리적인 무기가 된다. 역사적으로 여자들의 가방은 상류층 여성들이 남들과 차별화하려는 의지에서 발생했다. 이후 귀족들의 사치품을 모방하려는 분위기가 확산되면서 의상, 모자와 더불어 사치품의 대열에 진입하였다.

여자에게 가방은 소품 이상이며 본질적인 필수품이다. 장 클로드 카프만은 《여자의 가방》을 쓰면서 70명이 넘는 여자들의 가방 속을 뒤졌다고 한다. 그는 여자의 가방을 '여자의 내밀함의 마지막 경계선이며, 가장 내밀한 부분이고, 정체성의 산물이자, 여자의 심장'이라고 말한다. 남자들의 두뇌로는 지구 밖 머나먼 행성의 이야기일 테지만, 여자들이 명품 가방에 수백, 수천만 원을 투자하는 이유다. 여자들은 자신들의 심장을 어깨에 메거나 들고 다니는 것이다.

남자들은 여자들이 울거나, 화를 내고, 불평하는 등 구체적인 표현을 해야 말귀를 알아듣는다. 여자들은 그렇지 않다. 여자들은 상대의 눈빛만 봐도, 입가에 흘린 미소만 봐도 속을 정확히 꿰뚫어 본다. 그 무섭다는 '여자의 육감'이다.

육감은 눈에 보이지 않는 덫과 같아서 제대로 걸리면 치명적이다. 중년에 접어든 당신이 수십 년 동안 결혼 생활을 했다면 한두 번 혹은 그 이상 이런 아찔한 경우를 경험했을 것이다. 무엇을 감추려고 하면 마누라가 귀신같이 알아차린다. 옆에 투명 인간이 붙어 다니며 자신의 일거수일투족을 아내에게 낱낱이 일러바치는 듯하다.

도대체 여자들은 어느 행성에서 온 것일까. 선사 시대로 돌아가 보자. 여자들은 동굴을 지키고 자식들을 양육하는 역할을 담당했다. 자연스레 자식들의 표정만 보고도 배가 고픈지, 아픈지, 화가 났는지, 기쁜지 알게 되었다. 사소한 변화를 감지하며 상대의 행동을 파악하게 되었다. 반대로 남자들은 동굴에 붙어 있는 시간보다 사냥하기 위해 나가 있는 시간이 더 길었다. 개인 간의 의사소통에 어눌할 수밖에 없었다.

여자들은 의사소통을 위해 눈을 마주하고 대화하는 방식을 취했다. 조금 더 가까운 거리에서 눈이 보내는 다양한 신호들을 감지하고 해석했다. 반면에 남자들은 멀리 떨어진 목표물에 집중해야 했기 때문에 망원경과 같은 시야가 발달했다.

식당에서 한 쌍의 남녀가 식사를 하고 있다고 치자. 여자들은 그들이 부부인지, 연인이지, 어떤 관계인지, 행복한지, 불행한지 바로 분석한다. 그 분석은 예리하고 정확하다. 여자들이 상대의 눈빛만 봐도 쉽게 알아차리고, 남자들의 거짓말이 눈빛에서 다 들통나는 것은 수십억 년 동안 축적된 진화 프로그램의 결과다.

그러니 중년 남성들이여! 그대가 하느님을 속일 수 있을지는 몰라도 마누라를 속일 수는 없다. 아직까지 들키지 않았다고 안심하지 말자. 역설적으로 참혹한 결말이 가까워졌다는 이야기다.

여자도 남자를 이해할 수 없기는 마찬가지다. 여자들은 남자들이 둔감하고, 이기적이고, 무심하고, 무뚝뚝하고, 남의 말이라고는 조금도 들으려 하지 않는다고 불평을 늘어놓는다. 애정 표현에도 서투르고, 적극적이지 않고, 충분한 전희 없이 본능적인 섹스만 하려 한다고 비난한다. 미안하다고 한 번만 말하면 될 것을 죽어도 사과하지 않는 남자를 여자는 이해할 수 없다. 장황하게 쏟아 내는 여자의 말을 알아듣지 못하는 남자가 답답하다. 텔레비전 앞에 앉아 영혼 없는 사람처럼 계속해서 채널을 돌리는 심리를 알 수가 없다. 새 옷을 입고 나와 '나

어때?'라고 물어도 '좋네' 한마디가 전부인 남자는 정말 한 대 쥐어박고 싶어진다.

이렇듯 남자와 여자의 거리는 이승과 저승만큼이나 멀다. 당신은 수십 년을 같이 살아온 부인의 이해할 수 없는 행동에 더러 충격과 당혹감을 느낄 것이다. 그것은 이해할 수 있는 범위 밖에 있다. 이해하려 하면 할수록 당신만 손해다. 이해하려 들지 말고, 분석하려 하지 말고, 바꾸려고 하지 말자. 이럴 때 가장 현명한 방법은 '그냥 그러려니' 하는 것이다.

경기는 아직
끝나지 않았다

2014년 여름, 세계인의 눈과 귀는 월드컵이 열린 브라질로
쏠렸다. 경기장을 찾은 수많은 관중과 응원단들, 텔레비전을
통해 경기를 지켜보던 수억 명의 사람들은 선수들의 질주에
환호했고 경악했다. 그 기간만큼은 상사의 눈치를 보지 않고
도 퇴근할 수 있었고, 밤샘 음주가 허용되었다. 아파트 전체가
들썩이는 층간 소음조차 너그러이 양해되었다. 광장에 모인
관중들도 마찬가지였다. 수백, 수천 명이 하나의 표정으로 열
광하고 한목소리로 소리쳤다. 각국의 국기가 펄럭이는 월드

컵 기간에는 모두가 애국자였다. 교황청도 결승전이 열리는 동안은 교전 중인 세계 곳곳에서 전쟁을 중단하자고 호소했다.

축구가 세계인의 사랑을 받는 이유에 대해 시인 장석주는 '축구가 스포츠의 정수精秀이기 때문'이라고 설명한다. 심판의 호루라기 소리와 함께 45분 동안 펼쳐지는 예측 불허의 드라마는 남성들의 공격 본능을 강하게 자극한다.

축구에서 공은 하나뿐인 목적물이다. 이 목적물은 점유나 유치, 대여를 할 수 없으며 골키퍼를 무너뜨리고 골대 안으로 밀어 넣어야 비로소 가치를 얻는다. 유일한 목표를 위해서는 팀의 전략과 전술이 상대의 전략과 전술을 뛰어넘어야 한다. 그래야 승리할 수 있다. 선수들은 자신의 몸에서 가장 잘 정제된 테스토스테론을 뽑아내야 하고, 양질의 호르몬은 경기에 대한 자신감으로 발산되어야 한다. 선수들이 뿜어내는 테스토스테론이 경기장을 가득 채우면 관중들의 긴장과 흥분은 최고조가 된다.

경기장에서 선수들의 몸짓은 표범들의 맹렬한 싸움을 닮았는가 하면, 공작새의 화려한 춤사위도 닮았다. 그들의 질주는 조상들로부터 이어받았을 야성의 실체이며, 공의 궤적을 따라 점에서 선으로 이어지는 전진이고 후퇴다. 소설가 김훈은《너는 어느 쪽이냐고 묻는 말들에 대하여》에서 축구를 좋아하는 까닭을 다음과 같이 밝혔다.

"축구공은 끝끝내 인간의 몸의 질감으로 굴러간다. 미드필더로부터의 롱킥을 문전에서 받아 낼 때, 공의 속도는 인간의 정서가 받아들일 수 있는 속도의 한계를 넘지 않는다."

축구공은 둥글다. 모든 공이 둥근 형태를 취하고 있지만, 형태는 다 제각각이다. 공은 선수들과 관중을 이어 주는 직접적인 매개체다. 공은 위도 없고 아래도 없다. 앞과 뒤도 없으며, 시작과 끝도 없다. 움직이지 않는 공에 내재된 팽팽한 긴장감은 공이 굴러감과 동시에 공 밖으로 흘러나온다. 크리스토프 바우젠바인은 공이 지닌 완벽한 기하학적 질서에 대해 다음과 같이 설명했다.

"구는 무게 중심이 한가운데 있기에, 언제나 움직이기 직전 상태이다. 아주 작은 충격으로도 구르기 시작하여 독자적 생을 전개한다. 그 자체로는 안정적이면서 동시에 불안정한 구는 결코 한자리에 머물고자 하지 않으며 하나의 운동 방향이나 위치를 선호하지 않기에, 유동성이라는 기적을 이룬다."

크리스토프 바우젠바인, 《축구란 무엇인가》, 민음인

중년인 당신도 어렸을 적이나 군대에서, 조기 축구회에서 축구공을 쫓아 운동장을 누볐을 것이다. 더러는 부끄러운 참패를 당하기도 했을 것이고, 더러는 세상을 다 가진 듯한 승리의 기쁨에 도취하기도 했을 것이다. 발목은 몇 번 접질렸을 것이고, 정강이뼈는 몇 번 으스러지기도 했을 것이다. 찢어진 상처가 개선장군의 훈장처럼 자랑스럽기도 했을 것이다. 축구가 당신의 인생과 비슷하다는 생각도 했을 것이다.

"공은 예기치 않은 방향에서 날아온다. (중략) 거머쥘 수 없는 인생은 내 앞으로 굴러 왔다가 이내 다른 곳으로 가 버린다. 나는 굼뜬 동작으로 하둥대다가 헛발질한다. 헛발질, 수태가 되지 않은 상상 임신. 내 발은 공중으로 뜨고 공은 때굴때굴 굴러간다. 능숙한 선수들은 공을 헛발질하거나 놓치는 법이 드물다. 잘 훈련된 선수들은 공을 완벽하게 제어하며 우연을 필연으로 바꿔 놓는다."

장석주, 《일상의 인문학》, 민음사

살아온 인생을 되돌아보면 예상치 못했던 횡재와 피해가 우리 곁을 찾아왔다. 어떤 것은 대박이었고, 또 어떤 것은 쪽박이었다. 노다지인 줄 알고 덥석 물었으나 사기의 덫에 걸리기도 했고, 우물쭈물하다가 타이밍을 놓쳐 가장 소중한 것을 잃어버리기도 했다. 인생이라는 경기에서 실축이다. 돌이킬 수 없는 헛발질을 해 놓고 제멋대로 굴러가는 운명의 공을 우두커니 바라볼 수밖에 없을 때는 지독히도 외롭고 쓸쓸했다.

중년이 되어서도 헛발질은 여전하다. 내 앞에 굴러온 공이 복인지 독인지 알아보기도 전에 다른 이들이 채 간다. 찬다고 해도 엉뚱한 방향으로 날아가 당혹스러웠던 적도 있다. 축구 선수들이 적의 수비를 뚫고 공을 몰아가듯이 인생도 그렇게 민첩하고 정확했으면 좋으련만 갈수록 헛발질이다. 축구 마니아였던 《이방인》의 저자 알베르 카뮈도 축구를 인생 학교에 비유하며 다음과 같이 말했다.

"공이 기대하는 방향에서는 결코 오지 않는다는 것을 진작에 배웠다."

축구는 공이 지닌 가능성을 최대한으로 끌어올리는 스포츠다. 모든 스포츠가 그렇듯 축구 역시 예측 불가능하다. 우리의 인생도 그렇다. 축구공은 우연으로 가득 찬 사물이다. 우리의 인생도 우연으로 점철된 유한한 시간이다.

독일 작가 멜키오르 피셔의 연극 〈축구선수와 인디언〉에는 이런 대사가 나온다.

"축구를 한다는 것이 무슨 뜻인지 아시오? 자기 영혼이 축구 공의 영혼이 되고, 심장과 살갗이 가죽이 되는 것이오."

공과 완전한 합일을 이루어야 승리한다는 뜻이다. 우리의 운명은 공처럼 둥근 것이어서 당신이 어떻게 하느냐에 따라 같은 편이 되기도 하고 적이 되기도 한다. 공이 상징하는 구球의 의미를 잊어서는 안 된다. 아직 당신 인생의 종료 휘슬은 울리지 않았으므로.

중년,
외로움과 친구가 되다

    사람은 누구나 외롭다. 혼자라서 외롭고, 둘이라도 외롭고, 가족이나 집단, 군중 속에서도 외롭다. 왜 그럴까. 존재의 바탕이 외로움이기 때문이다. 사람은 태어나면서 타인의 사랑과 보호 속에서 성장한다. 스킨십이 없으면 인간은 죽는다. 동물의 세계에서도 어미 품에서 떨어진 새끼는 성장이 더디거나 금방 죽는다. 사람도 마찬가지다. 타인의 체온을 느끼고, 살을 부비고, 눈을 마주치고, 살냄새를 맡는 행위가 필요하다. 미소, 속삭임, 키스, 포옹 등이 필요하다.

16세기 프랑수아 2세는 신생아들을 탑 속에 가두고 말을 걸거나 건드리지 않은 채로 먹이고 돌보라는 지시를 내렸다. 그 결과 아이들은 모두 죽었다. 성인이 되어서도 마찬가지다. 즐거운 대화, 관심과 격려, 유머와 위로, 지속적인 성생활 등을 통해 사회적 관계를 형성하고 그 안에서 자신의 존재를 확인한다.

외로움은 이런 관계 속에서 자신에게 주어져야 할 관심과 사랑이 줄거나 단절되었다고 느낄 때 생긴다. 타인에게 종속될수록 더 자주, 더 많이, 더 깊이 느낀다. 외로움은 심한 갈증과 지독한 허기를 동반한다. 비뚤어진 욕망으로 변질될 수도 있다. 외로움은 사랑의 수요와 공급의 불균형이 초래한 심리적 공황 상태다. 따라서 외로움을 느낄 때는 반드시 타인의 도움이 필요하다.

중년의 외로움은 보다 포괄적이다. 직장 생활에서의 외로움, 부부 관계에서의 외로움, 가족들 사이에서의 외로움 등 다양하다. 운전을 하다가 갑자기 외로울 수도 있고, 중요한 사안을 결정하다 외로울 수도 있고, 혼자 라면을 끓여 먹다 외로울 수도 있다.

프란츠 카프카는 진정한 외로움은 '다른 사람을 대면해야만 느낄 수 있다'라고 했다. 외로운 두 사람이 서로를 보호하고 쓰다듬는 것이 사랑이라고 한 사람은 라이너 마리아 릴케다. 그럼에도 왜 그렇게 많은 부부들이 끊임없이 파경을 맞는 것일까. 울프 포샤르트는 《외로움의 즐거움》에서 둘 중 한 명 또는 두 명 모두가 외로움에 불안감을 가지고 있기 때문이라고 주장했다. 외로우니까 불안하고, 불안하니 상대방을 놓아주려 하지 않는다는 것이다. 불안이 커질수록 침대는 감옥이 되고 포옹은 쇠사슬이 된다. 부부 생활이 포로 생활로 여겨질 때 비극은 시작된다.

> "짝이 있다고 외롭지 않은 것은 아니다. 감정과 생활을 공유하지 못할 때 부부 관계는 틈이 생기고 그 틈으로 외로움이라는 찬바람이 불어온다. 메마른 관계를 유지하면서도 이러저러한 이유로 한집에 사는 부부들이 많다. 사람은 혼자 있을 때 외롭지 않을 수 있고 혼자가 아닐 때도 외로울 수가 있다. 그러니까 단지 외로움 때문에 결혼하는 것은 매우 어리석은 선택이다."
>
> 장석주, 《일상의 인문학》, 민음사

시인 장석주는 결혼이 존재의 외로움을 해결하는 마법은 아니라고 말한다. 가족에 귀속해 있으면 '나'는 가족의 이익과 안

녕을 위해 존재하는 식민지에 지나지 않는다는 것이다. 혼인 서약서에 나온 '~하겠습니다', '~하지 않겠습니다'라는 갸륵한 약속들은 한마디로 자신에 대한 공식적인 포기 각서다. 배우자에게 나에 대한 통제권을 부여하는 허가증이며, 내게 금지된 조항들을 준수하겠다는 공직인 맹세다.

결혼 초기에 부부의 책임과 의무, 도리는 '너는 내 인생'이라는 허구에 가려서 보이지 않는다. 결혼 후 수년이 지나 사랑의 열정이 식고 '너는 내 인생'의 진실이 보이기 시작할 때, 어떤 이들은 '결혼은 미친 짓'이라고 외치며 회귀를 강렬히 희망한다. 결혼이 정말 미친 짓인지는 사람마다 다르겠지만, 결혼이 외로움을 해결해 주지 않는다는 점은 명백하다.

❧

외로움은 부부 관계뿐만 아니라, 직장에서도 발생한다. 울프 포샤르트는 묻는다. 외로운 사람이 직장에서 성공하는 것일까, 직장에서 성공하면 외로워지는 것일까. 두 가지 모두 맞는 말이다. 실제로 직업상의 성공과 성격 장애가 커다란 일치점을 보인다는 연구 결과도 있었다. 물론 직장에서 냉혈한으로 불리는 일벌레들에 해당하는 사례일 것이다.

성과 중심 사회에서 업무 역량은 개인의 성공 여부를 결정하는 핵심 요소지만, 대인 관계에서 공감, 공유, 소통 또한 매우 중요하다. 앞서 말한 대로 사람은 개별의 삶을 살고 있지만, 그 삶은 죽을 때까지 타인과의 관계 속에서 형성되고 유지된다.

유영만 교수의《체인지體仁知》는 통합과 융합의 사회에서 공감과 소통이 얼마나 중요한지를 재치 있게 설명한다. 그의 말에 의하면 '조직의 학사, 석사, 박사 위에 더 높은 학위가 밥사, 술사, 감사, 봉사'다. '밥사'는 함께 일하는 동료를 위해 기꺼이 밥 한 끼 사는 마음을 가진 사람이다. '술사'는 힘들 때 고민을 함께 들어 주며 술 한잔 사 주는 사람이다. '감사'는 욕망에 이끌리지 않고 가진 것에 만족하며 매사에 고마움을 느끼는 사람이다. 끝으로 '봉사'는 가진 것을 남과 나누며 더불어 살아가는 세상을 만드는 데 기꺼이 노력하는 사람을 뜻한다.

성공을 향해 앞만 보고 달려온 중년들에게 묻는다. 성공 뒤에 무엇이 남았는가. 몇 푼의 통장 잔액과 명예, 주위의 부러움에 만족하는가. 만약 당신에게 밥 한 끼 먹자는, 술 한잔하자는 사람들이 없다면 당신은 성공한 것이 아니다.

울프 포샤르트는 외로움이 사치의 아우라로 여겨진다고 말한다. 먹고살 만하니까 생기는 마음의 허영, 싱글족의 심적 유희라고 생각하는 이들도 있겠다. 외로움은 빈부나 계층, 결혼과 상관없이 존재의 본질에 속하는 문제다. 이 문제를 해결하기 위해 우리는 사랑을 하고, 일에 몰두하고, 섹스를 즐기며, 문자를 주고받고, 성당에 가지 않는가.

미디어학자 마샬 맥루한은 '모든 문화와 문명의 형태는 외로운 사람들이 그리워하는 대상을 위해 만들어 낸 인공 대체물 같은 것'이라고 했다. 직장, 취미, 가족, 종교, 심지어 사랑까지도 인간이 외로움으로부터 도망치기 위해 존재한다는 것이다.

일중독에 빠져 본 중년은 안다. 서울에서 부산까지 자전거 여행을 떠난 중년은 안다. 가족들과 대화 없는 식사를 해 본 중년은 안다. 애정 없는 섹스에 지친 중년은 안다. 몇 년째 혼자 쓸쓸히 살아가는 기러기 중년은 안다. 외로움은 서서히 몸에 퍼지는 독과 같음을. 그래서 유일한 해독제인 사랑이 필요하다는 것도.

'외로워서 못 살겠다'는 유행가 가사도 있다. 얼마나 외로웠으면 못 살겠다는 노래까지 나왔을까. 그렇다고 외로움이 꼭 나쁜 것만은 아니다. 외로움이 깊어 몸과 마음이 황폐해지는 사례도 있지만, 타인의 힘을 빌려야만 외로움이 해소되는 것은 아니다.

중년이 되면 외로움과 고립을 구분할 수 있어야 한다. 혼자 있으면서 가지는 평온, 고요, 자유 등을 기꺼이 즐길 줄 알아야 중년이다. 혼자 남겨진 아이처럼 징징거릴 일이 아니다. 그러려면 자기중심적인 사고, 나르시시즘에 빠지지 말아야 한다. 그것은 자신을 사랑하는 행위가 아니라 스스로 가해자가 되고 피해자가 되는 일이다.

> "'독자적'이란 자기 자신을 통제할 수 있는 것을 의미한다. 당신은 스스로를 통제할 수 있는 당신의 주인이 되어야 한다. 파트너 없이 누리는 평화는 자신의 정신세계를 알아 가고, 그 세계를 넓힐 수 있는 가능성을 제공한다. 외로움은 특별한 삶의 기술을 요구한다."
>
> **울프 포샤르트, 《외로움의 즐거움》, 한얼미디어**

중년의 시기에는 내면의 성공을 거두어야 한다. 그중 외로움이라는 다소 어려운 과정을 이수해야 중년의 자격을 취득할 수 있다. 그렇지 못하면 나이 먹은 어린아이에 불과하다. 내면의 바다에 떠 있는 외로움이라는 섬을 지그시 바라보며 퐁

경을 즐길 줄 알아야 한다. 정호승 시인의 시처럼 '외로우니까 사람'임을 인정하는 것이다. 비가 오면 빗길을 걸어가고 눈이 오면 눈길을 가는 것이다. 세상에 외롭지 않은 것은 하나도 없다. 하느님도 외로워서 눈물을 흘리고, 종소리도 외로워서 울려 퍼진다. 산다는 것은 외로움을 견디는 일이라고 시인은 우리에게 나지막이 말한다.

독일어로 '외롭다'는 '아인잠Einsam'이다. 중세 말부터 사용된 이 단어에는 '자기 자신과 하나 되는 사람'이라는 아름다운 의미가 들어 있다. 자기 안에서 평온해지는 사람이라는 의미다. 외로움을 소멸시키려 하지 말고 재생의 에너지로 사용하라는 뜻이다. 외로움의 독성을 면역력으로 바꾸는 것도 방법이겠다.

중년들이여, 외로움과 소통하라! 당신이 원하는 사랑은 외로움의 끝에 있다.

누구에게나
말 못 할 두려움은 있다

율리우스 카이사르는 거미만 보면 기겁을 하고 도망쳤다. 알렉산더 대왕은 폐소 공포증에 시달렸다. 철학자 니체는 여성 혐오증이 심해 여성과 단둘이 있는 것을 견디지 못했다. 윈스턴 처칠은 젊은 시절 선거 유세 도중에 어린아이가 던진 고무공에 맞았는데, 그때 이후로 날아오는 공만 보면 허겁지겁 도망쳤다. 영화배우 브래드 피트는 바다 공포증이 있다. 어릴 적본 영화 〈죠스〉에 대한 충격으로 바닷물에 발만 담가도 식은땀을 흘린다. 역사상 위대한 영웅으로 추앙받았던 남성들, 현대의 강한 남자들도 극도의 두려움과 공포증을 느끼며 살았다.

불안 장애는 전쟁이나 재해, 테러, 사고, 폭력, 실패, 배신, 끔찍한 장면의 목격, 충격적인 경험 등에서 기인하는 경우가 많다. 어떤 대상이나 상황을 병적으로 두려워하는 현상은 다양하다. 엘리베이터, 비행기, 높은 빌딩, 쥐, 바퀴벌레, 대중, 광장, 성적인 공포증까지 유형적으로 알려진 것만 500가지가 넘는다고 한다. 누구에게나 두려움의 대상이 한두 가지씩은 있다. 문제의 심각성은 문명이 발달하고 사회가 선진화될수록 두려움의 대상이 점점 늘어난다는 데 있다.

중년인 당신의 두려움은 무엇인가. 당신은 돈도 많고, 강인하고, 능력 있고, 건강하며, 사회적으로 성공도 해야 한다고 생각하는가. 상황에 유연하게 대처할 줄 알며, 거기다 잘생기고, 곧 살도 빼야 하고, 섹스도 잘해야 하고, 골프도 잘 쳐야 한다고 생각하는가. 많은 범주들을 몇 개의 가지로 요약하면 경쟁에 대한 두려움, 실패에 대한 두려움, 상실에 대한 두려움으로 볼 수 있다. 이것은 어릴 때부터 지겹게 들어 온 '남자는 강해야 한다'는 의식과 처자식을 먹여 살려야 한다는 가장으로서의 책임 의식, 사회가 요구하는 성과와 자신의 능력 사이에서 괴리감이 있을 때 발생한다.

끊임없이 이어지는 심리적 압박감과 실패에 대한 불안감이
당신을 두려움의 늪에 빠지게 한다. 자기 안에 이런 두려움이
있다고 해도 크게 걱정할 필요는 없다. 지극히 정상적인 두려
움이다. 문제는 약하면서도 강한 척, 두려워도 두렵지 않은 척
하는 데 있다. 다음은 앙드레 헬레가 남자들의 두려움에 대해
말한 내용이다.

> "남성들이 가지고 있는 주된 두려움은 자기 자신을 있는 그
> 대로 솔직하게 드러내서는 안 된다는 것, 더 이상 자신의 고유한
> 정체성을 따를 수 없는 사회에 살고 있다는 것에서 비롯된다. (중
> 략) 지금 우리는 최대한 젊음을 유지해야 하고, 최대한 건강해야
> 하며, 반드시 승자가 되어야 하고, 사랑하는 사람으로부터 버림
> 받아서도 안 되고, 질병에 걸렸더라도 그것을 숨겨야만 하는 그
> 런 사회에 살고 있다."
>
> **헤르만 에만, 《남자를 두렵게 하는 것들》, 해토, 재인용**

헤르만 에만은 수많은 남성들이 떠벌리고 다니는 허풍과 실
제 현실 사이에는 극단적인 차이가 있다고 주장한다. 그는 발
기 부전을 예로 들면서 크기 콤플렉스와 함께 상대 여성에게

충분한 만족감을 주지 못할 수 있다는 두려움, 그로 인해 여자로부터 버림받을 수 있다는 두려움이 큰 비중을 차지한다고 분석했다. 그 외에도 직업이나 생계, 금전과 관련된 실패와 상실의 두려움, 건강을 잃거나 양로원에 들어가거나, 의지할 곳 없는 신세가 되는 것에 대한 두려움, 다른 사람의 짐이 되는 것에 대한 두려움 등이 있었다.

중년인 당신도 남자라는 사실이 지겨울 때가 있을 것이다. 세상이 정해 놓은 남성성을 유지하면서 매일매일 진저리를 치고 있을지도 모르겠다. 긴박하게 돌아가는 회사, 허구한 날 소집되는 긴급회의, 카드 대금 독촉 전화, 고객 상담 또는 민원 처리, 상사에게 받는 스트레스, 통제 불능의 직원들, 납품 단가 협상의 실패, 출퇴근길의 극심한 교통 체증, 간밤의 과음으로 인한 속 쓰림, 친구의 부음 문자, 발기 부전과 마누라의 냉소, 승진 실패, 유학 간 아들놈이 보낸 용돈 달라는 메시지 등으로 힘들지 않은가. 그럼에도 자존심 때문에 버리지도 못하고 두려움으로 싸안고 가는 당신은 '도무지 이게 사는 건가' 싶을 것이다. 헤르만 에만에 따르면 중년의 위기의 배후에는 노화와 죽음에 대한 두려움이 숨어 있는데, 그중 세 가지 두려움이 가장 큰 고통이다.

> "첫 번째 문제는 능력 상실에 대한 두려움이다. 능력에 의거하여 스스로를 평가하는 남성들이 이런 두려움에 시달린다. 직장에서, 그리고 매일같이 되풀이되는 발정 난 수탉들의 경쟁 속에서 꿋꿋하게 버티면서 반드시 '살아남아야' 한다고 생각하는 남성들 대다수가 이런 두려움에 시달리고 있다. 두 번째 문제는 어느 날 갑자기 속수무책의 상황에 봉착하여 다른 사람들의 도움을 받아야만 하는 처지가 되는 것에 대한 두려움이다. 특히 남성들은 이런 상상을 하는 것만으로도 공포에 사로잡힌다. 세 번째 문제는 육체적인 매력을 잃어버리는 것에 대한 두려움이다. 머리가 빠지고, 배가 불룩하게 튀어나오는 등의 현상을 말한다."

헤르만 에만, 앞의 책

현대의 중년 남성들이 조상들로부터 세습되어 온 남자의 '본분을 다하기'란 더러는 가혹한 운명이다. 남자로서 누리던 특권이 세상 어딘가에 아직 남아 있기는 하지만, 큰소리치며 다 드러낼 수는 없다. 그저 약하고 희미하게 진동할 뿐이다.

남성들의 본분은 침대뿐 아니라, 생활 전반에 걸쳐 지켜지고 달성해야 하는 힘든 사업이다. 특히 20세기 이후 치열한 경쟁 사회로 접어들면서 남성들의 심리적 압박감이 극적으로 상승하였다. 이런 상황은 두려움을 넘어 남성들을 공황장애 환자로 몰아가고 있다. 게오르크 단처는 말했다.

"더 이상 승자가 되려고 애쓰지 않고, 더 이상 강한 사람인 척하지 않고, 더 이상 시기심으로 가득 차서 다른 사람들을 노리지 않을 때, 그때야 비로소 당신은 승자가 될 수 있다."

두려움 없이 사는 것은 불가능하다. 그렇다고 두려움을 두려워할 필요는 없다. 긍정적이고 건강한 두려움은 오히려 생활의 활력소가 될 수 있다. 지금까지 불필요하고 파괴적이며 부정적인 두려움을 숨기고 다녔다면 지금이라도 실체를 폭로하라. 암 덩어리처럼 부풀어 오른 두려움이 오장육부를 가득 채우고 있는 한 당신은 두려움에서 벗어날 수 없다.

당신은 지금까지 살아오면서 세상이 그리 호락호락하지 않다는 것을 수도 없이 체험한 노련한 경험자이다. 두려움은 당신 안의 일이다. 오지도 않은 미래에 대한 걱정을 미리 가불해서 쓰지 말자. 또한 사소한 일에 목숨 걸지 말자. 별것도 아닌 일에 분노하고 폭언하는 것은 100퍼센트 손해 보는 장사다. 사람들은 생각만큼 당신의 거친 행동에 관심이 없다. 우리의 인생은 작고 사소한 일에 얽매여 고통을 자초할 만큼 충분히 길지 않다.

국민건강보험공단의 조사 결과에 의하면 우리나라의 공황장애 환자는 2011년 6만여 명으로, 1996년 이후 5년 만에 60퍼센트나 늘었다고 한다. IMF와 금융 위기, 경제 불황 등의 여파와 무관하지 않을 것이다. 이 증가율은 앞으로 더 늘어날 수도 있다. 전문가들은 여가 활동으로 긴장을 풀고, 긍정적인 자세를 가지라고 조언한다. 맞는 말이다. 삼척동자도 아는 해법이다.

굳이 두려움을 없애거나 숨기려 하지 말자. 안 그런 척해도 아는 사람은 다 안다. 두려움 역시 당신이라는 나무에서 자라난 작은 가지이다. 없애려 할수록 더욱 억세게 뻗쳐 영혼을 옥죌지도 모른다. 그러니 살살 달래야 한다. 어루만져야 한다. 그래야 두려움이라는 가지에 꽃이 피고 이슬이 맺힌다. 이것이 바로 두려움으로부터 벗어나는 길이다.

나 아닌 나,
나 없는 나

당신은 누구일까. 당신은 누군가의 아들이다. 당신의 아들, 딸들에게는 아버지이다. 당신의 형이나 누나에게는 동생이고, 동생들에게는 형이나 오빠일 것이다. 아울러 한 여인의 남편일 것이다. 갓 입사한 신입 사원에게는 상사일 테고, 당신의 상사에게는 부하 직원일 것이다. 누군가의 생계를 책임져야 하는 경영자일 수도 있다. 누군가에게는 친구이며, 은행이나 단골 식당의 고객이다. 한때는 나라를 지키는 군인이었고, 현재는 국가에 의무를 다하는 국민 중 한 사람이다. 누군가의 경쟁자이면서 한 집안을 책임지는 가장일 것이다.

누군가의 무엇이 아닌, 오직 당신뿐인 당신은 어디에 있는가. 만약 다시 태어난다면 당신은 지금과 똑같은 삶을 살겠는가. 아니면 지금과는 다른 삶을 살겠는가. 다른 삶을 살 수 있다면 어떻게 살고 싶은가.

누구나 한 번쯤은 할 수 있는 생각이다. 어릴 때부터 꿈꿔왔던 일, 진정으로 하고 싶었던 일을 지금 하고 있다면 당신은 행복한 사람이다. 어느 날 갑자기 자신의 꿈이 유효 기간 지난 쿠폰처럼 돌이킬 수 없게 되거나, 현실에서 점점 멀어진다고 느낀다면 당신은 잠시 쓸쓸해질 것이다. 로버트 프로스트의 시처럼 '가지 않은 길'에 대한 동경은 누구에게나 있다. 가지 않더라도 길 언저리에 발자국이라도 한번 찍어 보고 싶은 것이 사람 마음이다.

더글라스 케네디의 소설《빅 픽처》는 원하지 않는 삶에서 원하는 삶으로 갈아탄 한 남자의 이야기다. 주인공 벤은 뉴욕 월가의 잘나가는 변호사이다. 고액의 연봉을 받으며 상류층들이 사는 동네에 고급 주택을 짓고 미모의 아내와 아이들과 사는 남부러울 것 없는 가장이다. 그러나 그는 행복하지 않다. 자신이 원하는 삶이 아니기 때문이다. 사진가가 꿈이었던 그는 아버지의 강요로 변호사가 되었다. 그의 꿈은 지하 암실에 수집해 놓은 고가의 카메라 장비들로 남아 있을 뿐이다. 아내는 그가 찍은 사진들을 보고 '비정상 인간 전시회'라며 코웃음 친다.

부부 사이가 삐걱거리던 어느 날 아내와 이웃집 사진가 게리의 혼외정사 현장을 목격한 벤은 게리를 찾아가 우발적으로 살인을 저지른다. 15분 전만 해도 근면하고, 소비 활동에도 적극적이고, 최고의 수입을 자랑하던 변호사가 한순간에 살인자가 된 것이다. 그는 살인을 은폐하고 도주한다. 이후 자신이 죽인 게리의 이름으로 새로운 삶을 시작한다. 자신이 그토록 원하던 사진가의 삶으로 말이다. 소설은 주인공 벤의 범죄와 도주, 사진가로서의 성공과 좌절을 이끌며 흥미롭게 펼쳐진다.

"'물질적 안정'이라는 미명하에 이루어지는 모든 일은 그저 지나가는 과정일 뿐이라 생각하지만, 그 생각은 가짜일 뿐이고, 언젠가 새롭게 깨닫게 된다. 자기 자신의 등에 짊어진 건 그 물질적 안정의 누더기뿐이라는 걸. 우리는 어쩔 수 없는 소멸을 눈가림하기 위해 물질을 축적하는 것이다. 자기 자신이 축적해 놓은 게 안정되고 영원하다고 믿도록 스스로를 속이는 것이다. 그래도 언젠가 결국 인생의 문은 닫힌다. 언젠가는 그 모든 걸 두고 홀연히 떠나야 한다."

더글라스 케네디, 《빅 픽처》, 밝은세상

대부분의 사람들이 생각하는 행복의 개념에는 돈이 들어 있
다. 돈이 많을수록 행복감도 커진다고 생각한다. 돈이 있어야
행복하고, 행복하려면 돈이 있어야 한다. 돈이 없으면 살 수 없
는 자본주의 세상이다. 돈만 있으면 하지 못할 게 없다는 환상
에 갇혀 평생을 돈 버는 일에 매달린다. 세상에 돈 싫다는 사
람은 아마 없을 것이다.

돈을 좇는 동안 세월의 손가락 사이로 술술 빠져나간 꿈들,
내면의 풍요로움, 휴식의 평온함, 정신적인 행복이 얼마나 많
은가. 물론 빈자가 행복하다는 말은 아니다. 주위를 보면 물질
적으로는 풍족하지만, 내면이 빈곤한 이들이 참 많다. 돈이 수
단이 아닌 목적이 되면 인간은 돈을 떠받들고 살아야 하는 돈
의 하녀가 된다. 돈을 지키고 모시고 더 불리기 위해 자신의
건강과 시간을 탕진한다. 돈에 대한 지나친 소유욕이 '나 아닌
나, 나 없는 나'로 살아가게 만든다.

철학자 베이컨은 '돈은 최고의 종인 동시에 최악의 주인'이
라고 말했다. 《빅 픽처》의 벤은 물질적인 안정 속에 꿈을 잃어

버린 자신을 발견한다. 소설을 읽다 보면 자신의 꿈을 향해 가는 주인공의 성공에 박수를 보내게 된다. 아슬아슬한 도주 장면에서는 손에 땀이 나고, 가슴을 쓸어내리게 된다. 사진에 관심이 있는 중년이라면 꼭 추천해 주고 싶은 소설이다. 진귀한 카메라 장비들과 사진 촬영, 인화 과정에 대한 작가의 지식이 해박하고 정교하다.

᠕

자신의 꿈을 위해 하루아침에 일과 가정을 내팽개친 남자가 또 있다. 서머싯 몸의 《달과 6펜스》에 나오는 찰스 스트릭랜드다. 성공한 증권 브로커였던 남자의 인생 역전은 광풍이 불듯 단숨에 찾아왔다. 이 못 말리는 40대 남자는 하루아침에 고수입의 직장과 잘 정돈된 행복한 가정을 버리고 파리로 달아난다. 나이 마흔 줄에 다른 여자가 생긴 것이 아니고서야 처자를 버리고 도망갈 수 없다는 세상의 추측은 보기 좋게 빗나갔다. 그가 떠난 이유는 그림을 그리고 싶다는 자신의 꿈을 더 이상 늦출 수 없어서다. 그는 자신의 꿈을 끝까지 이해하지 못한 아내에게 다음과 같이 서운함을 털어놓는다.

"여자는 사랑을 하게 되면 상대의 정신을 소유하기 전까지는 만족할 줄 몰라. 약해서 지배욕이 강하지. 지배하지 않고서는 만족하지 못해. (중략) 마음을 쓰는 건 물질적인 것뿐이야. 관념적인 것은 시기나 하고. 남자의 정신은 우주의 저 머나먼 곳에서 방황하는데 여자는 그걸 자기 가계부 안에다 가둬 두려고 하는 거요. (중략) 나 자신에게는 전혀 관심이 없었어. 내가 자기 것이 되어 주기만 바랐지. 하기야 나를 위해서라면 무슨 일이든 하려고 했어요. 내가 원하는 것 한 가지만 빼놓고 말이오. 난 혼자 있기를 바랐거든."

서머싯 몸, 《달과 6펜스》, 민음사

사랑을 인생의 최고 가치로 생각하는 남자들도 있다. 그러나 남자들은 사랑에 빠져 있을 때조차도 자신의 일에 몰두한다. 골프를 치기도 하고, 축구 경기에 정신을 팔기도 하고, 경쟁자와 첨예하게 대립하기도 하고, 자신의 성공을 위해 치열한 노력을 기울인다. 남자들은 한 번에 여러 가지를 못한다. 한 가지 일에 집중하면 다른 한 가지는 잠시 미루어 두는 것이 남자들이다. 한 가지 일을 할 때 다른 일이 끼어드는 것을 참지 못한다.

남자와 여자가 똑같이 사랑에 빠져도 서로 다른 점이 있다.

여자는 남자를 종일 생각하고 그리워하는 데 반해, 남자는 다른 일에 몰두하면 여자를 거의 잊는다는 것이다. 사랑에 대한 오해는 여기서 시작된다.

《달과 6펜스》는 화가 고갱을 소재로 한 소설이다. 실제로 고갱도 증권 브로커였다. 스트릭랜드처럼 처자를 저버리지는 않았지만, 증권 시장 붕괴로 일자리를 잃고 전업 작가로 나섰다. 소설 속 스트릭랜드는 세상이 만들어 놓은 안정적인 길 대신 자신의 열정이 시키는 길을 선택했다. 비록 그 길이 비참하고 고통스러운 길이라 할지라도.

언젠가 인터넷 신문 기사에서 대한민국 남성들에게 없는 것을 연령대별로 써 놓은 글을 보았다. 대한민국 10대는 답이 없고, 20대는 일이 없고, 30대는 집이 없고, 40대는 '나'가 없고, 50대는 돈이 없고, 60대는 낙이 없다는 내용이었다. 그중 40대의 '나는 없다'에 마음이 쓰였다. 내가 있음으로 인해 행복도 있고 불행도 있는데, 내가 없다니. 내용인즉 일과 가정, 사회에 대한 책임과 의무에 메여 자신을 잃어버리고 사는 중년 남성들의 이야기였다. 한 번만이라도, 단 하루만이라도 지금과 다른 삶을 살아 보고 싶다는 그들의 말은 결코 빈말이 아니다.

'지금 인생을 다시 한 번 완전히 똑같이 살아도 좋다는 마음으로 살라'는 니체의 말이 별로 가슴에 와 닿지 않을 것이다. 뒤집어 생각하면 아직 당신에게 기회가 있다는 말이기도 하다. 당신도 한때 꿈이 있었다. 꿈을 이루었다면 다행이지만, 이루지 못했다면 꿈에 대한 책임을 져야 한다. 업무상의 책임이나 자동차 접촉 사고에 대한 책임은 지면서 왜 당신의 꿈은 책임지지 않는가.

인생은 평생을 돈만 좇기 위해, 경쟁하기 위해, 더 높은 곳으로 올라가기 위해, 더 많이 소유하기 위해 주어진 시간이 아니다. 유기한 꿈을 다시 거두자. 당신은 당신의 꿈을 책임져야 한다. 당신이 바로 책임자다. 그 꿈 속에 당신이 있다. 그 꿈이 곧 당신이다. 그러니 서두르자. 당신이 진정 원하는 삶을 살 수 있는 시간은 지금 이 순간에도 계속해서 줄어들고 있다.

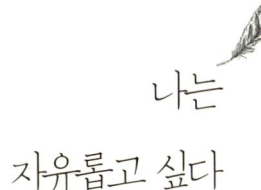

나는
자유롭고 싶다

뉴욕의 잘나가는 홍보 회사에 다니던 리처드는 안정된 미래가 보장된 회사 생활을 청산하고 미국 서부 해안의 한 작은 어촌으로 이주한다. 그곳에 도착했을 때 그가 가진 것이라고는 밴 한 대, 옷가지, 타자기, 레코드, 플레이어, 사전, 책 몇 권, 그리고 20달러짜리로 채운 구두 상자 하나가 전부였다. 아내와도 이혼했다. 30년을 함께 산 아내에게 대부분의 재산을 넘겨주고 나니 남은 것은 자유뿐이었다. 사표를 내자 친구들은 성급하게 굴지 말라며 그를 만류했다. 아내에게 넘겨준 돈이 그리워질 거라고 했다. 어떤 친구는 '엄청나게 용기 있는 결단'이라며 그를 부러워했다. 그는 그저 자신의 시간이 왔을 뿐이라고 생각했다. 이제껏 가 본 적 없는 미지의 세계로 떠날 눈부신 날이.

그가 어촌에 정착해 하는 일은 비치코밍beachcombing이다. 비치코밍이란 해변에 흩어져 있는 표류물을 줍는 일이다. 밤새 파도에 떠밀려 온 물건들은 훌륭한 생활용품이 된다. 목이 가는 유리병은 화분으로, 티크로 짠 상자는 턴테이블과 레코드판을 위한 선반으로, 난파한 배에서 떨어져 나온 돛은 아름다운 햇빛 가리개가 되었다. 잡다한 유품들, 문명의 파편들을 주우며 그는 '마치 바다는 내가 무엇을 필요로 하는지 알고 있는 것 같다'고 생각한다.

> "나는 뛰어다니지 않는다. 걸음을 재촉하지도 않는다. 맥박을 높이는 일은 하지 않는다. 체중을 줄이거나 심폐 기능을 높이려고 여기에 온 것이 아니기 때문이다. 나는 내 그림자를 보려고 이곳에 왔다. 머리 위에서 끊임없이 움직이는 태양의 위치에 따라 때론 짧아지고 때론 길어지는 그림자를 살피는 것이다."
>
> 리처드 보드, 《넓고 넓은 바닷가에》, 석필

자신의 그림자를 보기 위해 탄탄한 직장과 가족들을 버리고 비린내 나는 촌구석으로 왔다면 당신은 그를 이해하겠는가. 단지 그림을 그리기 위해서 다니던 증권 회사를 때려치우고 타히티 섬으로 내뺀 고갱의 행동을 당신은 용기라고 말할 수 있는가. 하버드를 졸업하고도 세속적인 성공을 등지고 월든 호숫가에서 통나무집을 짓고 살았던 헨리 데이비드 소로를 당신은 과연 존경할 수 있는가.

반대로 그들은 아등바등 사는 우리에게 이런 질문을 던질 것이다. 오늘 당신의 머리 위로 눈부시게 떠오른 태양을 본 적이 있느냐고. 파도에 쓸려 해변가로 밀려온 소라의 음악을 들어 본 적이 있느냐고. 아무것도 걸치지 않은 맨몸으로 바람의 애무를 느껴 본 적이 있느냐고. 밤새 자란 옥수수를 보며 성장의 시간이 얼마나 소중한지 깨달은 적이 있느냐고. 스핑크스가 오이디푸스에게 던진 수수께끼의 의미를 생각해 본 적이 있느냐고. 아침의 여신이 주는 순수한 공기를 흠뻑 들이마시며 행복했던 적이 있느냐고. 무엇보다 지금 당신은 진정 자유롭냐고.

"'내 인생은 무엇인가. 나는 가족에게 돈 벌어다 주는 기계인가?' 그는 가족을 위해 헌신적으로 일하지만 그에 따른 보상이 없다고 느낀다. 그토록 힘들게 일하고 돌아와도 집에는 위안이 없다. 반찬은 입에 맞지 않고, 아내는 잠자리를 거부하고, 아이들은 제멋대로 군다. 그렇게 불면의 밤을 통과할 때면 내면에서 아우성치는 소리가 더욱 커진다. 집안 형편 때문에 펼치지 못한 예술적 감수성에 대해, 부모의 뜻에 따르느라 포기한 꿈에 대해, 아깝게 놓친 사랑에 대해 할 말이 많은 듯 느껴진다."

김형경, 《남자를 위하여》, 창비

중년 남자들은 자유롭지 않다. 자유로울 수 있는 상황이 아니다. '자유롭고 싶지 않으세요?' 라고 물으면 내심 반기면서도 곧 표정이 굳어질 것이다. 겉으로는 남자의 특권을 누리고 있는 듯 보이지만, 책임과 의무라는 족쇄를 차고 있기에 자유로울 수 없다. 그들의 특권은 '평생 자유 없음'에 대한 대가이다.

자유란 자신의 의지대로 하는 것이다. 자신의 의지와 열정만으로 이루어진 것이어야 한다. 외부의 요구에 의한다면 자유가 아니다. 많은 이들이 자신의 의지와 열정의 출구를 찾기 위해 대상을 물색한다. 값비싼 오디오를 사들이는가 하면, 오토바이나 자동차를 애지중지한다. 등산, 낚시, 골프에 빠진다. 사진 동호회를 열심히 쫓아다니기도 하고, 자전거를 타고 장거리 여행을 다녀오기도 한다. 이제라도 자신을 발견하고 싶은 것이다.

그러나 이것 역시 자유롭지 않다. 시시콜콜 문자 메시지로 아내에게 보고해야 하기 때문이다. 혹시 딴 곳으로 새지는 않았는지, 엉뚱한 짓을 하고 다니는 것은 아닌지, 아내들은 선량한 관리자로서 역할에 충실하다. 그러니 당신의 위치는 항상 그녀들의 손안에 있다.

"내가 월든 호수에 사는 것보다
신과 천국에 더 가까이 갈 수는 없다."

헨리 데이비드 소로, 《월든》, 은행나무

한때 엄마 품에서 쌔근대며 잠을 자던 당신은 어느덧 중년이 되었고, 머지않아 노인이 된다. 모래시계의 모래가 빠지듯 세월은 참 무심히도 빨리 흐른다. 어쩌면 자유의 출구를 찾기도 전에 인생이 끝나 버릴지도 모른다. 무턱대고 서두르라는 것은 아니다. 어서 빨리 자유를 찾아 숲 속으로 은둔하거나 바닷가에 가서 잡다한 물건들을 줍고 다니라는 말도 아니다.

우리의 하루는 참으로 소중하고 고귀하다. 지갑이나 통장에 돈이 떨어지면 당장 어떻게든 구해 보려 하지만, 부족한 시간에 대해서는 너무도 무던하다. 구체적인 숫자로 보이지 않기 때문이다. 이 밤이 가면 아침이 올 것이고, 하루가 가면 당연히 내일이 온다고 믿는다. 시간의 연속성이 언제까지 계속될 것 같은가.

지금처럼 살아서는 안 된다. 하루하루를 소중하고 값지게 살아야 한다. 자유란 이런 토대 위에서 맛볼 수 있는 기쁨이다. 오늘 당신은 세상의 모래톱에서 어떤 보물들을 주웠는가.

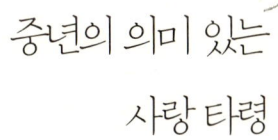

중년의 의미 있는
사랑 타령

뇌종양으로 죽어 가는 아내의 몸과 전립선염으로 방광에 오줌이 가득 찬 자신의 몸, 그리고 생명력으로 가득 찬 신입 여직원의 젊고 아름다운 몸 사이에서 고뇌하는 한 남자의 이야기. 김훈의 소설 〈화장〉이다. 소설은 최근 영화로도 만들어져 호평을 받았다.

뼈와 가죽만 남은 아내의 몸은 무거운 현실을 상징한다. 꽃잎처럼 날아왔다 환상처럼 사라지는 회사 여직원 역시 소유할 수 없는 사랑의 무게이다. 관을 통해서만 오줌을 배설할 수 있는 자신의 요도병 역시 삶이 짊어진 중량이다. 화자는 세 개의 몸을 통해 존재에 대한, 사랑에 대한, 삶에 대한 날카롭고 섬뜩한 묘사로 소설을 풀어 간다.

> "아내의 두 다리는 해부학 교실에 걸린 뼈처럼, 그야말로 뼈뿐이었습니다. 늘어진 피부에 검버섯이 피어 있었습니다. 죽음은 가까이 있었지만, 얼마나 가까워야 가까운 것인지는 알 수 없었습니다. (중략) 당신께 달려가서, 사랑한다고 말하고 싶었습니다. 사랑한다고, 시급히 자백하지 않으면 아내와 저와 그리고 이 병원과 울트라 마린블루의 화장품과 이미지들이 모두 일시에 증발해 버리고 말 것 같은 조바심으로 저는 발을 구르고 싶었습니다."
>
> 김훈, 〈화장〉, 문학사상

주인공인 오 상무는 젊은 여사원 추은주에게 애모의 감정을 느끼지만, 그녀에게 사랑을 고백할 수는 없다. 그에게 사랑은 2인칭이 아닌 3인칭이었기에, 당신이라 부를 수 없는 자리에 그녀가 있었으므로. 곧 결혼할 딸을 둔 쉰다섯의 오 상무가 여직원에게 느끼는 사랑은 마음속에서만 불타오르다 꺼지는 희미한 독백일 뿐이었다.

사랑은 사소하고 별것 아닌 것들로 가득 차 있다. 사랑에 빠지면 사소하고 별것 아닌 것들을 탐색하기 시작한다. 그것들은 곧장 의미 있고 놀라운 우연들이 되어 욕망 속으로 파고든다. 소설 속 오 상무 역시 추은주의 서류 정리하는 모습, 동그란 어깨, 흘러내린 머리카락, 볶음밥을 먹는 모습, 칸막이 너머로 보이는 그녀의 옷차림 등에서 강한 욕망을 느낀다.

사랑이라는 감정이 어디서, 어떻게 오는지는 알 수 없다. 살아가는 동안 끊임없이 생성되고 소멸되는 이 감정이 참 하찮으면서도 중요한 이유는 모두가 앓고 있는 결핍 때문일 것이다.

📚

시인 장석주는 《일상의 인문학》에서 사랑에 대해 다음과 같이 말한다.

"사랑은 경미한 뇌진탕 같은 것이어서 그것에 빠지면 그 충격으로 인해 한동안 사물을 바로 보지 못한다. 사물의 초점이 흐려지고 의식이 몽롱해진다. 그 상태에서 아무것도 아닌 것들이 한꺼번에 의미로 승화한다."

그는 롤랑 바르트의 《사랑의 단상》을 인용하면서 "도처에서, 아무것도 아닌 것에서, 항상 의미를 만들어 내며, 이 의미가 그를 전율케 한다. 그는 의미의 도가니 안에 있다"고 말한다. 사랑에 빠지면 바람에 흔들리는 꽃잎에도 마음이 흔들리고, 상대가 좋아하는 노래나 음식을 맛보며 가까이 있음을 느끼고 싶은 것도 바로 그런 이유 때문이다.

그러나 사랑은 늘 끝을 향해 간다. 생성과 동시에 소멸을 향해 나아간다. 죽음이 갈라놓을 때까지 서로를 사랑하겠다는 맹세와 통계청의 이혼율 자료는 극명한 차이를 보인다. 결혼이 억누르는 또 다른 갈망이다. 누군가의 짝이 아닌 온전한 자신으로 살고 싶은 갈망이 '나는 누구인가'라는 질문을 던지며 끝을 향해 몰고 간다.

영원한 사랑을 주장하는 이들도 있겠지만, 사랑하는 사람들은 사랑이 늘 끝을 향해 간다는 사실을 절대 인정하지 못한다고 철학자 김영민은 《사랑, 그 환상의 물매》에서 다음과 같이 이야기한다.

"사랑은 하찮은 것들로 구성된 귀중한 짓이다. 혹은 귀중하다고 하는 기표로 구성된 하찮은 기의다. 고쳐 말하면, 사랑이란 하찮은 것들이 순간 증폭하는 방식으로 볼 수도 있다. 그러므로 우리의 열정을 키웠던 그 '순간 증폭'이 끝나고, 우리가 정녕 하

당신도 이런저런 사랑을 경험했을 것이다. 철없던 시절의 풋
사랑, 아내를 만나기 전의 첫사랑, 결혼을 위한 현실적인 사랑.
중년이 된 지금도 당신이 닿고 싶어 하는 사랑이 어딘가에 있
을지 모른다. 이미 사랑에 대해 풍부한 경력이 있다 해도 사랑
은 저마다 고유하기에 당신은 여전히 사랑에 서툴다. 그래서
사랑은 너나없이 우리 모두를 애송이로 만든다.

　상처란 사랑한다는 증거이며, 깊이 사랑할수록 상처 또한 깊
다. 사랑은 애초에 상처를 내장하고 있어서다. 그래도 사랑하
라. 사랑만큼 사람을 행복하게 만드는 것은 없다. 비록 사랑이
잡히지 않을지라도, 사랑으로 인해 괴로울지라도 사랑은 그 자
체로 내 안에 들어온 빛이다.

　철학자 김영민의 말대로 사랑은 하찮다. 하지만 사랑은 하
찮음도 거대한 것으로 만드는 마술을 부린다. 생텍쥐페리 《어
린 왕자》의 한 구절처럼 다른 사람에게는 똑같아 보이는 꽃
이 나에게 소중한 이유는 ‘내가 그 꽃에 물을 뿌려 주고, 벌레

도 잡아 주고, 바람막이로 보호해 주기' 때문이다. 그 꽃은 나만의 꽃이다.

사랑함으로 인해 우리는 살 수 있다. 사랑이 없는 삶은 메마르고 황량하다. '중년에 무슨 사랑 타령이냐'고 할지도 모르겠다. 그렇다면 당신이 지나온 과거 중에서 가장 행복했던 때를 떠올려 보자. 시험에 합격했을 때? 승진했을 때? 복권에 당첨되었을 때? 한일전 축구에서 우리가 이겼을 때? 아니다. 아닐 것이다. 사랑의 바다에 빠져 허우적델 때이다. 숨이 막힐 듯, 심장이 멎을 듯 죽어도 좋을 만큼 사랑할 때였을 것이다. 그러니 사랑하라! 뜨겁게!

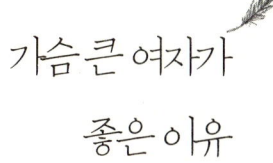

가슴 큰 여자가
좋은 이유

　영화 〈타짜〉를 본 남자들은 배우 김혜수에게 열광했다. 그
녀의 카리스마 넘치는 연기와 무엇보다 스치듯 비추었던 풍
만한 가슴 때문이었다. 단 몇 초뿐인 여배우의 가슴 노출 장면
에 대부분의 남자들이 넋을 놓았다. 이 장면이 자꾸 떠올라 같
은 영화를 여러 번 봤다는 한 중년 남성의 이야기를 들으며 그
의 결핍이 안쓰러웠다. 영화는 흥행에 성공했고 여배우의 가
슴이 주었던 시각적 효과는 한동안 남성들의 가슴을 진정시
키지 못했다. 《나는 아내와의 결혼을 후회한다》의 저자 김정

운은 남자들이 큰 가슴에 집착하는 이유를 '사는 게 재미없기 때문'이라고 설명한다.

> "의사소통의 문제다. 진정한 의사소통 행위에는 '정서 공유'가 전제되어야 한다. 그러나 서로의 정서를 공유하는 과정이 박탈된 논리적 의사소통 행위는 사람을 불안하게 만든다. 이러한 소통의 부재로 인한 불안 때문에 한국 남자들은 큰 가슴을 그리워하는 것이다. 그 큰 가슴에 머리를 깊이 처박고 울고 싶은 것이다."
>
> 김정운, 《나는 아내와의 결혼을 후회한다》, 21세기북스

그에 따르면 인간이 가장 완벽한 소통을 경험하는 곳은 어머니의 가슴이다. 사람은 태어나서 최초의 타인인 어머니를 통해 정서를 교류하고, 세상과 소통하는 능력을 키운다. 그러다 막상 어머니의 품을 떠나면 다른 사람들과의 소통이 쉽지 않다. 놀이를 통해 경험되는 재미도 없다. 결국 원초적인 것으로의 회귀를 바라게 된다. 그 결과 철딱서니 없는 중년들은 자신을 완벽하게 품어 주었던 어머니의 큰 가슴을 연상시키는 여배우에게 정신이 혼미해진 것이다. 그는 소통 부재의 불안과 재미없는 삶으로부터 도피하려는 남성들의 퇴행적 현상이

라고 설명한다.

　여자의 가슴은 남자의 성적 긴장감이 가장 많이 쏠리는 신체 부위다. 여자가 가슴을 감싸거나 두 손으로 가릴 때, 앞으로 내밀 때, 걷거나 뛰는 동안 춤을 추듯 철렁대는 가슴을 볼 때마다 남자들은 견딜 수 없는 것을 견뎌야 한다.

　여자의 가슴은 양육과 성, 두 가지 중요한 기능을 수행한다. 여자의 모유는 단백질, 탄수화물, 지방, 칼슘, 인, 칼륨 등 다양한 영양분을 함유하고 있다. 한 생명을 키워 내는 신성하고 고귀한 기능을 가진 한 쌍의 가슴은 생명과 에너지의 원천이다. 가슴의 다른 중요한 기능은 성적 기능이다. 데스몬드 모리스는 《벌거벗은 여자》에서 여자의 가슴이 성적 신호가 된 유래를 직립 보행이라고 설명한다. 베르나르 베르베르도 《베르나르 베르베르의 상상력 사전》에서 여성의 가슴 발달사를 이렇게 설명하고 있다.

　　"아주 오랜 옛날, 인간들이 네 발로 다니던 시절에 수컷들은 암컷들이 성욕을 느끼는 때를 알 수 있었다. 암컷들의 부푼 엉덩이가 붉은빛을 띠는 것을 볼 수 있었기 때문이다. 그러다 인간이 직립 보행을 시작하면서 암컷의 생식기가 보이지 않게 되자, 수

컷들이 엉덩이 대신 젖가슴에 시선이 쏠렸다. 유방이 성적 매력이 된 것은 이렇게 오랜 역사를 가지고 있다."

베르나르 베르베르, 《베르나르 베르베르의 상상력 사전》, 열린책들

❧

가슴은 크기와 위치, 곡선의 모양 등을 종합해 아름다움을 평한다. 밑을 향하면 안 되고 전방을 향한 채 도발적이면서도 사랑스런 형태를 갖추어야 한다. 지나치게 튀어나오거나 꼿꼿하게 서 있으면 인위적이다. 적당히 늘어져야 부드러운 곡선이 만들어진다. 무작정 늘어진 가슴이 아니라, 위로 추켜올려진 가슴이어야 한다. 위에서 당기는 힘과 아래로 처지는 힘이 가슴의 원통에서 조화를 이루어야 한다.

화가들은 완벽한 가슴을 만들어 낸다. 그들이 원하는 아름다운 가슴을 상상력으로 창조할 수 있다. 그에 비해 사진가들의 작업은 좀 더 어렵다. 무게 있는 모든 것들은 아래로 내려앉기 마련이다. 가슴의 크기 역시 무게와 비례해서 크면 당연히 아래로 처진다. 그래서 가슴 발달이 정점에 달한 모델을 쓰는데, 아무 때나 찍는 것이 아니라 가슴이 처지지 않고 가장 풍만한 때를 골라서 사진을 찍는다.

"젖가슴을 정면에서 그릴 때는 좌우 유방 사이의 거리를 처리하는 일이 쉽지 않다. 너무 떨어지면 골짜기의 깊이가 죽어 버리고, 너무 붙여 놓으면 양쪽의 무게가 포개지면서 숨이 막히고 느낌이 천박해진다. 정면의 아름다움을 살려 내려면 두 유방을 안쪽으로 조용히 불러들이듯이 끌어당겨서 그 겹쳐지는 부분의 짧은 선을 간결하게 끝내야 한다. 이 짧은 선이, 눈에는 보이지 않는 골짜기의 그윽함과 유혹적인 평화를 사람들의 마음속에 떠오르게 한다."

김훈, 《밥벌이의 지겨움》, 생각의나무

클레오파트라의 연인이었던 안토니우스는 투구만 한 크기의 금잔에 술을 따라서 두 손으로 받쳐 들고 마셨다. 이유인즉 그 잔이 클레오파트라의 가슴을 본떠 만들어졌기 때문이다. 둥그런 와인 잔은 프랑스 루이 16세의 왕비 마리 앙투아네트의 가슴 모양으로 만들었다는 설이 있다. 프랑스에서는 지금도 가장 이상적인 가슴 크기를 와인 잔에 딱 맞는 크기 정도로 본다고 한다.

가슴의 생김새로 아름다움을 평할 수는 없다. 가슴은 사물이 아니라 사람 몸의 일부다. 크기와 모양에 앞서 가슴은 생명의 원천이다. 인간은 그 원천에서 흘러나오는 젖을 먹고 성장했다. 생명을 품고 기르는 위대한 가슴이, 여성성을 대표하는 아름다운 가슴이, 중년 남자들이 머리 처박고 울고 싶게 만드는 가슴이 요즘은 실리콘의 공격으로 처절하게 훼손되고 있다.

'가슴이 크면 머리가 나쁘다'는 말은 아주 먼 옛날 말이다. 바야흐로 슈퍼 가슴의 시대가 되었다. 매년 가슴 성형 보형물이 수만 개씩 수입되고 있다. 바르기만 하면 커진다는 가슴 크림에서부터 마사지, 보정 속옷, 확대 기구까지 관련 시장이 가슴 확대만큼 확대되고 있다. 가슴을 크고 탄력 있게 올려 준다고 하니 어느 여자가 솔깃하지 않겠는가.

우리나라 20~40대 여성들이 가장 부러워하는 몸매가 김혜수 같은 글래머형이다. 여성의 82퍼센트가 자기 가슴에, 남성의 55퍼센트가 여자 친구의 가슴에 불만이 있다는 조사 결과도 있다. 너도나도 가슴 큰 여자만을 앞세우는 미디어의 만행에 절벽 가슴을 가진 여자들은 자신감을 잃고 소외된다. 소외감은 무분별한 가슴 성형을 부추긴다.

중년의 경우도 예외는 아니다. 남편의 외도가 자신의 작은 가슴 때문이라는 생각에 병원을 찾았다가 영영 집으로 돌아오지 못한 안타까운 사례도 있다. 보형물이 곪아 터져 한밤중에 응급실로 실려 가는가 하면, 부작용과 암 발병으로 가슴을 도려내야 하는 끔찍한 사례도 있다. 그럼에도 가슴 확대 수술의 인기가 식지 않는 세상을 중년인 당신은 어떻게 생각하는가. 기어코 찢고, 집어넣고, 잡아 올리고, 다시 꿰매는 고통스런 공사를 해야 하는가. 정말 그래야만 하는가.

여성의 가슴은 그 자체로 아름답다. 가슴의 시각적 요소보다는 본질적 기능 때문이다. 예쁜 가슴에 대한 잔혹한 기준은 상업주의가 만든 폐단으로, 본래의 아름다움과는 거리가 멀다. 여성의 가슴이 모성보다는 성적인 면으로 강조되는 사회 분위기, 미인 대회나 각종 대중 매체가 부추기는 미美의 왜곡 현상으로 인해 순수하고 어여쁜 가슴들이 지금도 수술대에 누워 있다.

이제 남성들이 정신 차리고 나서야 한다. 큰 가슴에 현혹되어 밖에서 떠돌고 있는 넋을 불러와야 한다. 그대들의 넋이 돌아와야 여자들의 가슴이 안전해진다. 어릴 적 그대가 물고 빨았던 어머니의 젖은 그대를 먹여 살린 밥통이었다. 어머니의 심장 소리를 들으며 안심하고 자던 안식처였다. 세상 모든 여자들은 어머니의 후예들이다. 그 후예들이 잘못된 인식과 비뚤어진 사회 통념으로 가슴에 상처 입지 않도록 지켜 주기를 간절히 바란다.

무엇을 바우고
채울 것인가

법정 스님이 난초 두 분을 받아 정성스레 기른 적이 있었다. 혼자 사는 거처에 생물이라고는 스님과 난초뿐이라 관계 서적도 구해다 읽고, 비료도 주고, 여름철이면 서늘한 곳을 찾아 자리를 옮겨 주며 애지중지 가꾸었다. 은은한 향기와 함께 연둣빛 꽃이 피어나는 봄날이면 스님은 난초의 자태에 마음 설레며 행복해했다. 그러던 어느 여름날, 봉선사로 가는 길에 난초를 뜰에 내놓은 것이 생각나 허둥지둥 되돌아가 보니, 역시나 뜨거운 햇볕을 받은 난초 잎은 축 늘어져 있었다. 급히 샘물을 길어다 축여 준 뒤에야 난은 겨우 생기를 되찾았다. 이때 스님은 '집착이 곧 괴로움'임을 깨달으셨다고 한다.

책상 서랍이나 옷장, 주방 선반, 수납장, 사무실, 자동차 트렁크 속을 한번 들여다보자. 가진 것이 너무 많지 않은가. 아니, 정확히 말하면 쓰지도 않고 쌓아 두는 잡동사니들이 너무 많다. 처치 곤란인 물건들, 쓸모없는 물건들, 사 놓고 포장도 뜯지 않은 물건들, 모셔 놓기만 한 물건들도 더러 있을 것이다.

중년에는 이런 잡동사니에 대한 집착으로부터 벗어나야 한다. 가뜩이나 머릿속, 마음속이 복잡한데 주변 환경이라도 단순해야 하지 않을까. 잡동사니가 발목을 잡고 있는 순간, 정작 누려야 할 것을 제대로 누리지 못하게 된다.

옷장을 한번 들여다보자. 입지 않는 양복, 셔츠, 넥타이, 바지, 낡았거나 유행이 지난 옷들, 혹은 배가 나와서 지금은 입지 못하는 옷들도 있을 것이다. '살 빼서 입어야지' 하며 굳이 쌓아 두는 알뜰함은 이제 그만 버리자. 당신이 갖고 있는 넥타이들은 실제로 매지 않는 것들이 훨씬 더 많다.

그렇다면 어떻게 하면 좋을까. 안 입는 옷, 못 입는 옷은 정리해 기부하자. 옷장도 넓히고 베푸는 기쁨도 느낄 수 있다. 베풀 줄 아는 사람은 풍요의 관점에서 인생을 바라보지만, 그렇지 않은 사람들은 결핍을 품고 있다.

> "결핍의 관점을 지닌 사람들은 항상 무언가를 꽉 붙들고 있
> 어야 한다고 느낀다. 그들은 비축하고 저장할 필요성을 느끼며
> 대개 자신에 대한 생각만 한다. 그리고 놀라울 것도 없이, '끌어
> 당김의 법칙'에 따라 늘 그런 상황만 끌어당긴다. 비축하는 사
> 람들은 자신이 가진 것을 잃어버릴까 봐 두려워하고, 그래서 실
> 제로도 그런 일이 자주 발생한다. 반면 베푸는 사람들은 더 좋은
> 것들을 더 많이 끌어당긴다."
>
> 제임스 아서 레이, 《인생에서 버릴 것과 움켜쥘 것들》, 엘도라도

요즘은 텔레비전에 나오는 광고의 유혹을 완강히 뿌리치며
지갑을 지키기가 어려운 세상이 되었다. 매혹적인 제품을 광
고하며 '이것도 써 보세요, 저것도 써 보세요' 하는데 흔들리지
않을 재간이 없다. 스마트폰, 각종 신형 전자 제품들, 골프채,
자동차 등의 화려한 등장에 당신의 뇌는 벌써 골프장에서 드
라이버 샷을 날리거나, 고속도로를 질주하고 있을지도 모른다.
브랜드의 가치보다 더 중요한 것은 당신의 정체성이다. 물질

은 즐거움을 선사하지만, 당신의 일부분이 될 수 없다. 진정한 자아는 어떤 소유물도 필요하지 않다. 잡동사니는 결국 욕망의 군더더기에서 생겨난다. 욕망의 군더더기들이 마음속의 잡동사니가 된다. 그 속에는 별 쓸모도 없는 걱정들이 대부분이다.

많은 사람들이 걱정을 입에 달고 산다. 어니 젤린스키는 걱정에 대해 다음과 같이 말했다. '우리가 하는 걱정의 40퍼센트는 절대 현실로 일어나지 않는 일이고, 30퍼센트는 이미 일어난 일'이라고 했다. 그 외에 '22퍼센트는 사소한 걱정이고, 4퍼센트는 우리 힘으로 어쩔 도리가 없는 걱정이며, 나머지 4퍼센트만 우리가 바꿀 수 있는 일에 대한 걱정'이라고 했다. 걱정과 불안감은 외면의 잡동사니를 무작정 쌓아 놓게 만든다.

"우리는 혹시 잘못될 수도 있는 가능성을 미리 계산해 두면 걱정거리가 현실로 나타났을 때 대처하기 쉽다고 믿는다. 우리의 마음은 그렇게 훈련되어 왔다. 자나 깨나 경계 태세를 늦추지 않고, 그래서 몸과 마음은 녹초가 된다. 쓸데없는 근심거리가 우리의 핏속에 불안감을 조장하는 화학 물질을 내뿜는데도 수수방관하고 있는 것이다. 마음과 몸이 날로 쇠약해지는 것은 당연지사다. 역경과 시련에 대처하는 능력도 사라지게 마련이다."

브룩스 팔머, 《잡동사니로부터의 자유》, 초록물고기

'어떻게 해야 하나, 잘 안되면 어쩌지? 이렇게 해 볼까? 아니야, 저 방법이 더 나을까?' 불필요한 걱정은 하루에도 수없이 우리의 마음속에 쏟아진다. 이런 생각들은 긍정적인 해법을 제시하지 못하고 감정 소모만 하다 끝나는 경우가 대부분이다.

당신이 하루에 생산하는 걱정거리의 목록을 적어 보자. 실제로 일어난 일은 거의 없다. 그만큼 내면에 잡동사니가 많다는 반증이다. 현실을 수수방관하라는 뜻이 아니다. 당신에게는 조바심 대신 걱정거리들을 객관적으로 바라보는 자세가 필요하다.

법정 스님의 책《무소유》에 보면 '우리들이 필요에 의해서 물건을 갖게 되지만, 때로는 그 물건 때문에 적잖이 마음이 쓰이게 된다'는 내용이 나온다. 우리는 태어날 때 아무것도 소유하지 않고 태어났다. 태어나면서부터 거액의 재산을 물려받는 행운도 있을 테지만, 그것은 매우 특별한 경우다. 살면서 하나둘, 이것저것 내 것이 생기고, 집을 채우는 물건들이 된다. 그 물건들은 내면을 만족시키는 도구들이 되었다.

무소유 정신까지는 아니어도 이제부터 불필요한 소유의 이데올로기에서 벗어날 필요가 있다. 필요한 것과 필요 없는 것, 남길 것과 버릴 것, 비울 것과 다시 채울 것들을 정리해 보자.

중년의 서랍 속에 들어 있는 온갖 잡동사니들을 과감하게 정리하고 여백을 만들어 보자. 그렇다고 버려야 할 목록에 배우자는 넣지 마시길!

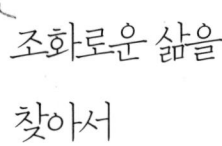

조화로운 삶을
찾아서

외환 위기 이후 대규모 구조 조정으로 인해 명예퇴직한 이들이 고향인 농촌으로 돌아가는 현상이 속출했다. 사람들은 이를 두고 'U턴 현상'이라고 했다. J턴도 있었다. 고향은 아니지만, 가까운 시골에 터를 잡는 것을 말한다.

도시에는 참 많은 사람들이 산다. 아침마다 일을 나가고, 매월 보수를 받고, 도심의 아파트나 주차난이 심각한 곳에 둥지를 틀고 하루하루를 살아간다. 가족을 부양하는 일뿐만 아니라, 조직과 사회에서 얽히고설킨 복잡한 관계 속에서 일에 지치고 스트레스에 찌든 채 아침 해를 맞는다. 추석과 설을 맞고 또 한 해를 맞는다.

50, 60대의 중년들이라면 한 번쯤 전원생활을 꿈꾸어 봤을 것이다. 한적한 시골로 내려가 자연과 벗하며 먹을거리도 직접 가꾸고 짐승도 키우면서 한가롭고 여유롭게 살았으면 하는 바람들 말이다. 사실 그렇게 살고 싶은 마음이 있어도 막상 쉽게 결정하지는 못한다. 도시 생활을 포기하려면 가족들의 동의가 필요한데 과연 가능할지는 의문이다.

쇼핑센터와 카페를 좋아하는 아내가 거름 냄새 진동하는 시골 생활을 쌍수 들어 환영할 리 만무하다는 것이 가장 큰 이유이다. 농사일에 익숙하지 않은 몸이 논과 밭을 직접 일구면서 먹거리를 마련할 수 있을지도 의문이다. 그 외에도 농촌 생활에 과연 잘 적응할 수 있을지, 마을 발전 기금은 얼마를 내야 하는지, 농촌은 텃새가 심하다는데 어떻게 대처해야 하는지 등 쉽게 가지 못하는 이유가 수십, 수백 가지는 된다.

당신이 진정 전원생활을 꿈꾸는 중년이라면 이들의 목소리에 귀를 기울여 보자. 소박하고 단순하면서도 조화로운 삶이 그곳에 있다. 헬렌 니어링과 스코트 니어링이 쓴 《조화로운 삶》이다.

헬렌 니어링은 미국에서 태어나 자기보다 스물한 살이나 더 많은 스코트 니어링을 만나 죽을 때까지 함께 살았다. 그들은 대공황으로 경기가 최악으로 치닫던 1932년, 뉴욕에서 버몬트라는 시골로 이사해 집을 짓고 농장을 일구며 생활했다.

그들은 도시를 떠날 때 세 가지 목표가 있었다. 첫째, 독립된 경제를 꾸리고 둘째, 건강을 챙기고 셋째, 사회를 생각하며 바르게 사는 것이었다. 그들은 혼란 대신 단순함을 택했고, 미친 듯 서두르는 속도에서 벗어나 평온한 속도를 취했다. 걱정과 두려움을 버리고 평정과 목표, 화해를 심었다. 먹고살기 위해 일하는 시간을 여섯 달로 줄이고, 나머지 여섯 달은 여가 시간으로 정했다. 여가는 연구, 여행, 글쓰기, 대화, 가르치기 등으로 채워졌다.

지금도 깊은 상처로 남아 있는 외환 위기, 금융 위기, 계속해서 이어지는 경제 불황은 가장들을 불안과 위기로 몰아가는 대재앙과도 같다. 도시 생활이라면 더욱 위협적인 문제다. 당시 수많은 가장들은 극심한 경제 위기와 그에 따른 정책 수행 과정 중에 일자리를 잃었다. 고정적인 수입이 끊겼으니 당연히 먹고사는 것이 막막해졌다. 퇴직금으로 벌여 놓은 사업은 경험 부족으로 몇 개월 못 가서 문을 닫고 말았다. 결국 남은 것은 빚뿐이었다. 끊임없이 수익을 내야 하는 경제 구조 속에서 살아남으려면 그 구조에서 벗어나야 한다. 니어링 부부가 시골로 내려가 정착한 이유도 잉여를 위한 수익이 아닌 먹고 생활하기 위한 수단 때문이었다.

"'돈을 번다'거나 '부자가 된다'는 생각은 사람들에게 매우 그릇된 경제관을 심어 주었다. 우리가 경제 활동을 하는 목적은 돈을 벌려는 것이 아니라 먹고살기 위한 것이다. 돈을 먹고 살 수는 없으며, 돈을 입을 수도 없고, 돈을 덮고 잘 수도 없다. 돈은 어디까지나 교환 수단일 뿐이다. 의식주에 필요한 물건을 얻는 매개체이다. 중요한 것은 우리가 먹고 마시고 입는 것들이지 그것과 맞바꿀 수 있는 돈이 아니다."

헬렌 니어링·스코트 니어링, 《조화로운 삶》, 보리

먹고사는 일은 가장 기본적이면서 중요한 문제이다. 우리는 하루의 대부분을, 일생의 대부분을 돈을 버는 데 쓴다. 그렇게 번 돈으로 생필품을 사고, 집을 사고, 교육비를 충당한다. 보험을 들고, 여행을 하고, 가끔은 사치품을 사기도 한다. 소비는 끊임없이 이어져야 하기에 우리의 노동도 날마다, 달마다, 해마다 이어진다. 가족을 부양해야 할 가장이라면 선택의 여지가 없다. 그들은 가족의 소비에 필요한 돈을 벌기 위해 건강을 해치며 자신의 노동을 판다. 헬렌 니어링은 책에서 마크 트웨인의 말을 다음과 같이 인용한다.

"문명이란 사실 불필요한 생활필수품을 끝없이 늘려 가는 것이다."

그녀는 시장 경제의 문제점을 '떠들썩한 선전으로 소비자를 꼬드겨 필요하지도 않은 물건을 사도록 한다'고 꼬집는다. 그런 물건들을 사기 위해 자신의 노동력을 팔아야 하는 시장 경제에서 벗어나 버몬트에 와서 조화로운 삶을 찾았다고 말한다.

삶은 평생을 바쳐 일구어야 하는 자신만의 사업이다. 사업이 성공을 거두려면 자신의 생각과 행동이 일치되어야 한다. 그러나 우리 삶은 그렇지 않다. 잡아먹고 잡아먹히는 경쟁 사회에서 더 많은 것들을 취하느라 생각할 겨를도 없이 살고 있다. 꿈과 추억을 잃은 채 소유와 축적만을 위한 삶이 과연 조화로운 삶인지는 한번 생각해 볼 일이다.

• 채식주의를 지킨다.

- 한 해의 양식이 마련되면 더 이상 일하지 않는다.
- 은행에서 절대로 돈을 빌리지 않는다.
- 기계에 의존하지 않으며 할 수 있는 한 손일을 한다.
- 최저 생계비가 마련되면 먹고 남는 채소나 과일은 필요한 사람에게 나눠 준다.
- 하루에 한 번씩은 철학, 삶과 죽음, 명상에 관심을 갖는다.

위 내용은 니어링 부부가 지킨 생활 원칙들이다. 그 외에도 일 년에 한두 달은 여행을 갔으며, 간소한 식사를 하고, 설탕과 소금을 삼갔다. 부부는 깨끗한 양심과 깊은 호흡을 유지하며 살았다. 도시인들의 기준에서 보면 부족하고 불편한 생활일 수 있으나, 삶의 대원칙을 세우고 만족하며 살았기에 부부에게 U턴 인생은 대성공이었다.

간혹 그들처럼 시골로 내려가 손수 집을 짓고 농장을 꾸리는 꿈을 지닌 중년들의 이야기를 접하게 된다. 다행히 선친으로부터 물려받은 땅에 소담스러운 집을 짓고 유유자적하며 여생을 즐기고 싶은 중년도 있을 것이다. 아니면 아예 산속으로 들어가 속세와 단절한 채 은둔 생활을 하고 싶은 중년도 있을 것이다.

도심을 떠나고 싶은 것은 단순히 회귀 본능만은 아니다. 삶의 질곡을 겪으며 받은 상처와 외로움이 많다는 반증일 수도 있다. 시골과 도시가 삶의 질을 결정하지는 않는다. 도심이든 시골이든 자신이 원하는 삶에 만족하며 사는 것이 자신과 조화를 이루는 삶이다.

중년들이여, 그동안 부조화 속에 당신을 방치한 채 살았다면 지금부터라도 자신과 화해하지 않겠는가. 조화를 이루며 살아 보지 않겠는가.

골프에 목숨 거는 남자들

나라가 온통 골프 붐이다. 너도 치고, 나도 치고, 우리 모두 '굿 샷, 굿 샷'을 외친다. 동창회든 사내 모임이든 모였다 하면 골프 모임이다. 잘 치든 못 치든 일단 골프를 해야 사회적으로 소외되지 않고 관계 유지가 가능하다고 생각한다. 사교나 비즈니스를 위한 목적이라면 구력이나 핸디캡이 자신의 활동에 적지 않은 영향을 미친다. 없는 시간을 쪼개 연습장을 다니고, 골프 채널을 열심히 들여다보며 실력을 갈고 닦는다. 진정한 노력파들이다. 그렇다면 남자에게 골프는 무엇일까. 그들은 왜 골프에 목숨 거는 것일까.

현대의 스포츠는 사냥의 대체물이다. 현재 우리가 즐기는 스포츠는 대부분 1800년 이후에 생겨났다. 그 이전에는 먹고사는 일과 오락을 즐기는 일에 차이가 없었다. 사냥이 곧 생계 활동이었고 오락 활동이었다. 그러다 산업 혁명이 일어난 18세기 후반, 세상이 달라졌다. 농업 기술의 발달과 식량 사업의 발전으로 뛰어다니며 사냥할 필요가 사라진 것이다. 이때 남자들이 대안으로 만든 사냥의 파생 상품이 스포츠다.

《말을 듣지 않는 남자 지도를 읽지 못하는 여자》를 쓴 앨런 피즈와 바바라 피즈는 책에서 현대 스포츠의 90퍼센트 이상이 1800년과 1900년 사이에 만들어졌다고 설명한다. 대부분의 스포츠 형태를 보면 달리기, 뒤쫓기, 목표물 맞히기 등으로 구성되어 있는데, 이것만 보더라도 스포츠가 사냥의 진화된 버전임을 알 수 있다고 주장한다. 남자들은 스포츠를 통해 공격적 호르몬인 테스토스테론을 연소시킬 수 있었다.

"남자가 공간 지능이 뛰어나다는 사실을 입증해 주는 과학적 연구는 수천 건이 넘는다. 남자들이 사냥꾼으로 진화해 왔다는 사실을 감안하면 이것은 그리 놀랄 일이 아니다. 그러나 현대의 남자들은 더 이상 먹이를 찾아 들판을 헤매지 않는다. 오늘날 남자들은 골프, 컴퓨터 게임, 축구, 다트, 기타 추적 놀이와 겨냥 놀이를 하면서 자신의 공간 지능을 발휘한다."

앨런 피즈·바바라 피즈, 《말을 듣지 않는 남자 지도를 읽지 못하는 여자》, 김영사

공간 지능 덕분에 남자들은 골프나 축구, 농구, 야구 등의 스포츠에 열광한다. 50대, 60대의 남자들은 테스토스테론 수치가 떨어지면서 덜 공격적이 되지만, 탁월한 공간 지능과 방향 감각은 여전히 살아 있다. 뛰거나 뒤쫓지 않아도 공간 지능을 충분히 발휘할 수 있는 최적의 놀이가 골프다. 이것이 중년 남성들이 골프에 빠지는 이유이다. 자신의 실력과 무관하게 장타 욕심을 내는 이유이기도 하다.

복어 독을 음료에 타 먹으면 비거리가 늘어난다는 속설까지 나돌아 무고한 사람이 목숨을 잃은 사례도 있었다. 비거리에 대한 욕심은 아마추어라고 해서 덜하지 않다. 동반자들보다 20야드만 더 보내도 회심의 미소를 짓는다. 이렇게 되면 너도나도 드라이버 샷을 실제보다 더 멀리 보낸다고 생각한다.

어쩌다 한번 맞은 것을 마치 자신의 평균 거리인 듯 착각하게
된다. OB(장외)가 나거나 쪼로(토핑)가 난 것은 까마득히 잊어
버린다. 퍼팅에서 망치더라도 일단 장거리 드라이버 샷을 날
려야 골프 칠 맛이 난다고 하니 못 말릴 노릇이다.

골프는 잘 치는 프로들도 연습을 게을리하거나 정신력이 약
하면 여지없이 무너지는 스포츠다. 골프는 못 친다고 해서 흉
이 되거나 책잡히지 않는다. 실력은 언제든 바뀔 수 있다. 그러
나 골프장에서의 에티켓이라면 문제가 다르다.

골프는 예의와 매너를 중시하는 스포츠다. 오죽하면 '18홀
이면 그 사람을 알 수 있다'고 하는 말까지 있겠는가. 골프 라
운딩 한 번이면 그 사람의 성격, 인격, 수준, 스타일, 천성까지
다 드러난다. 골프장에서 캐디에게 부적절한 행동을 했다가
망신을 톡톡히 당한 사례도 더러 있다. 그런 경우 골프 구력이
오래되고 실력이 아무리 뛰어나도 예의 없는 행동에 구력과
평판이 구겨지고 만다.

골프장에 늦게 도착하거나, 앞의 조가 티샷(티잉 그라운드에서
공을 치는 것) 중인데 큰 소리로 떠들거나, 공 찾는다고 시간을
지체하거나, 상대방이 퍼팅할 때 그림자로 서 있거나, OK를
주었는데도 굳이 홀인 하겠다고 치고 또 치고 하거나, 자기 스

스로 OK를 하거나, 공이 안 맞는다고 18홀 내내 구시렁대거나, 구찌(상대방을 흔들어 놓는 말)를 남발하는 행위 등 골프 매너에 어긋나는 행위만 수십 가지가 넘는다. 과연 이런 사람들도 골프 칠 자격이 있는지 의심스럽다.

흔히 골프만 한 운동이 없다고들 한다. 골프 마니아들에게 골프는 인간이 만든 최고의 스포츠이지 않을까. 특히 남자들은 한번 골프 맛을 보면 거기에 빠져들어 달력에 라운딩 약속이 빼곡하다. 골프에 얽힌 일화가 많은 것도, 골프를 인생에 비유하는 것도 그만큼 골프에 삶을 투영할 수 있기 때문이다.

골프장에 가면 누구든 실수 없이 공을 잘 치려고 한다. 하지만 뜻대로 되지 않는다. 의지만으로는 불가능하다. 골프는 그것을 깨닫게 한다.

중년들에게 고한다. 절대로 골프에 목숨 걸지 마라. 비싼 돈 주고 좋은 곳에 가서 투덜대지 마라. 캐디들을 대할 때도 정중하게 대하라. 내기 골프에서 졌다고 열받지 마라. 그래 봐야 나만 손해다.

완벽하지 않은 중년에게
필요한 휴식

　당신은 하루에 몇 시간 일하는가? 일 년에 쓰는 휴가는 며칠인가? OECD의 통계에 따르면 우리나라 근로자의 연평균 근무 시간은 2,256시간으로, OECD 회원국 중 단연 1위였다. 독일보다 무려 800시간, 일본보다는 500시간 이상 많다. 당연히 여가 시간은 OECD 회원국들 중에서 꼴찌다.

　학생들도 마찬가지다. 공부 시간은 세계 1등인데, 행복 지수는 최하위다. 자살률 역시 OECD 회원국 중 1위다. 무엇이 문제일까. 위 통계는 우리나라 사람들이 느끼는 삶의 중압감이 견딜 수 없을 정도로 힘들다는 이야기다. 이런 고통이 결국 사람들을 자살로 내몰고 있다.

쉴 새 없이 일하며 남들보다 많은 이득을 취해야 하고, 더 빨리 앞서가야 해서 휴식은 필요 없는 것이 되어 버렸다. 바빠야 잘 사는 것으로 인식되는 사회에서 살아남으려면 쉴 틈 없이 일하고, 부지런히 덧셈 뺄셈을 하며 살아야 한다. 과연 우리에게 휴식은 정말 필요 없는 것일까.

고대 그리스 사람들은 '휴식하기 위해서' 노동을 했다. 그들에게 노동이란 '휴식'이라는 행복한 순간을 느끼기 위한 방편이었다. 아리스토텔레스와 같은 철학자들이 생각하는 인생의 목표 역시 '비생산적인 시간'이었다. 지금 우리의 생각과는 정반대되는 얘기다.

오스트리아의 사회학자 헬가 노보트니는 '휴식은 나와 내 인생에서 중요한 것 사이의 일치'를 뜻한다고 했다. 휴식이란 온전히 나만을 위한 시간이다. 외적인 목표를 위해 준비하는 시간이 아니라 자신의 내면을 마주하고 대화하는 시간이다. 체력 유지를 위해 운동이 필요하듯이 우리의 영혼을 강하게 하기 위해서는 휴식이 절대적으로 필요하다. 당신의 휴식은 어떠한가.

울리히 슈나벨은 《휴식》에서 휴식을 둘러싼 네 가지 오해를 설명한다. 첫 번째, 시간 부족에 관한 오해다. 대부분의 사람들이 '바쁘다, 바빠'를 외치며 휴식할 시간이 없다고 한다. 바쁘지 않은 시간에도 바쁜 사람들에게 둘러싸여 함께 시달린다. 만성적인 바쁜 상황이 휴식을 밖으로 내모는 것이다.

두 번째, 휴식을 취하려면 특별히 시간을 내서 익숙한 일상으로부터 탈출해야 하고, 이를 위해 많은 돈을 들여야 한다고 오해한다. 휴식을 소비의 의미로 생각하는 것이다. 스트레스로 지친 사람은 긴장 해소 프로그램에 등록하고, 시간 압박에 시달리는 사람은 시간 관리를 가르친다는 자기 계발서를 산다. 음악회에 갈 수 없는 사람은 CD를 구입한다. 이국적이고 비용이 많이 들수록 더 편안한 휴식을 누릴 것이라 착각한다.

세 번째는 휴식에 대한 과잉 기대감이 실망을 가져오는 경우다. 현실의 이런저런 잡다한 문제들이 특별한 체험이나 짜릿함, 흠잡을 데 없는 완벽한 여행, 가족들과의 평화로운 주말 등에 대한 부푼 꿈을 망친다. 대표적인 사례로 여행 가기로 한 날 비가 내리거나, 가족과의 조용한 주말에 오래전에 미뤄 두었던 문제가 폭발하는 경우가 그렇다.

울리히 슈나벨은 휴식은 단추 하나 누른다고 해서 실현되는 것이 아니라고 말한다. 휴식은 생산이나 효율의 개념이 아니다. 우리가 휴식을 제대로 즐기지 못하는 이유는 휴식을 경제 활동과 연결된 시간으로 생각하기 때문이다.

네 번째는 태도의 문제이다. 휴식은 자유 시간을 얼마나 많이 가지고 있는가에 달린 것이 아니라 태도의 문제라고 말한다. 또한 헬가 노보트니의 말을 인용하여 다음과 같이 말했다.

"휴식이란 밀도 있는 순간을 말한다. 이런 순간은 시간적으로 몇 시간 혹은 며칠까지 확장될 수 있다. 곧 단 한 가지에만 집중하기 때문에 오로지 자신만의 시간을 누리는 것이다."

휴식은 일에서 떨어져 나온 세계이다. 놀이일 수도 있고, 진지한 성찰일 수도 있다. 무엇을 하거나, 무엇으로 삼을 때 중요한 것은 나와 휴식하는 시간과의 일체감이라고 그는 말한다.

> "사람들은 대개 여가 시간의 많은 부분을 쉬지도 못하고 행복감을 키워 줄 수 없는 일에 매달린다. 그러나 휴식을 제대로 누릴 줄 아는 사람은 커다란 일을 벌여 놓은 와중에도 긴장을 풀고 즐거운 기분을 맛본다. 심지어 일하는 것 자체를 마지못해 하는 쓰디쓴 의무가 아니라, 충족감을 주며 휴식으로 넘쳐 나는 넉넉함으로 꾸밀 줄 안다.
>
> 울리히 슈나벨, 《휴식》, 걷는나무

중년인 당신은 매일, 매 순간 시간에 쫓기며 일에 허덕인다. 이것은 지금보다 더 나은 삶에 대한 갈망과 비례한다. 원인은 이미 가진 것들, 누리고 있는 것들에 대한 불만족에서 기인한다. 끝없는 욕망은 당신을 평안한 상태로 내버려 두지 않는다. 욕망의 꽁무니를 좇아 살다 보면 진정한 휴식을 취하기가 어렵다. 설사 욕망을 채웠다 해도 소중한 무엇을 잃어버렸을 수 있다. 휴식을 위해서는 욕망에 대한 현명한 포기가 필요하다.

> "휴식은 연습을 필요로 한다. 언제나 본능적인 충동에만 끌려다닐 게 아니라, 때로는 버리고 비울 줄도 알아야 한다. 온전히 의식적으로 포기할 줄도 알아야 한다는 말이다. 이런 맥락에서 포기라는 단어가 위선적으로 들리는 사람이라면 어떻게 해야 풍선을 하늘로 날아오르게 할 수 있는지 생각해 보기 바란다. 무거운 짐을 버릴 때 풍선은 비로소 날아오른다."
>
> **울리히 슈나벨, 앞의 책**

울리히 슈나벨은 책에서 하인리히 뵐의 작품 속 이야기를 소개한다. 그 이야기는 다음과 같다. 조그만 항구 도시에 사는 가난한 어부가 자신의 보트에 누워 늘어지게 낮잠을 잤다. 그 때 이곳으로 휴가를 온 사업가가 어부를 깨워 이러저런 이야 기를 나눈다. 그러다 어부가 하루에 한 차례만 출어를 하고 남은 시간은 빈둥거리며 쉰다는 이야기를 들었다. 이야기를 들은 사업가는 어부에게 훈계하기 시작했다.

"어째서 두 번, 세 번 출어를 하지 않는 것입니까? 그럼 곱절, 아니 세 배로 더 많은 고기를 잡을 수 있을 텐데요. 늦어도 1년 뒤에는 모터보트를 살 수 있습니다. 2년 뒤에는 보트가 두 척으로 늘어나겠죠. 3년이나 4년 뒤면 작은 어선을 누릴 수 있을 것입니다. 두 척의 보트와 한 척의 어선이면 당연히 훨씬 더 많은 고기를 잡을 수 있겠죠. 작은 냉동 창고를 지을 수 있고, 잘만 하면 훈제 생선 공장과 커다란 생선 처리 공장까지 마련할 수도 있어요. 그럼 전용 헬리콥터를 타고 날아다니며 어디에 물고기 떼가 있는지 알아내 무전으로 어선에 지시를 내리는 거죠."

그러자 어부가 물었다.

"그런 다음에는요?"

부자는 여전히 열띤 얼굴로 주워섬겼다.

"그런 다음에는 여기 항구에 편안하게 앉아 햇살 아래 달콤한 낮잠을 즐기는 것이죠. 저 멋진 바다를 감상하면서!"

어부는 피식 웃으며 말했다.

"내가 지금 바로 그러고 있지 않소."

당신은 이 이야기가 어떻게 들리는가. 사업가의 야심 찬 구상에 동의하는가. 사업가의 시각에서 보면 맞는 말일 수 있다. 그의 눈에는 한가로이 낮잠을 자는 어부가 한심해 보였을 것이다. 그의 구상대로 어부가 사업가로 급부상해 부를 거머쥐었다고 치자. 과연 어부가 달콤한 낮잠을 잘 수 있을까. 낮잠을 자고 있는 동안 회사 주가는 계속 오르락내리락할 것이다. 사업가로서 해야 할 수백 가지 일들 때문에 낮잠은 고사하고 밤잠까지도 설치게 될 것이다. 당신이 살아가는 세상의 논리도 이와 같거나 비슷하지 않은가.

중년의 휴식은 좀 더 화해의 성격을 띠어야 한다. 일상에 지친 자신의 몸과 마음을 위로하고 다독여 주는 시간이어야 한다. 물론 쉽지 않은 일이다. 독일의 철학자 나탈리 크나프의 말처럼 '휴식은 자신의 존재를 감지할 수 있는 장소'에 이르는 것이다. 자기 자신과 만나려면 마음이 열려 있어야 한다. 만남에서 실망하거나 분노의 감정이 일어도 받아들일 줄 알아야 한다. 그래야 자신의 진실을 알 수 있다.

휴식하는 데 특별한 방법이 있지는 않다. 한자로 쉴 휴休는 사람이 나무에 기댄 모습이다. 당시 글자를 만든 이들은 자연에서 평안을 얻었던 것 같다. 비틀즈의 멤버였던 존 레논이 죽기 몇 주 전 발표한 〈뷰티풀 보이〉라는 곡에 다음과 같은 가사가 있다.

"인생은 너에게 닥치는 바로 그것이지, 그럼에도 너희는 계획을 세운다고 법석을 떠네."

완벽하지 않은 존재인 우리들에게는 휴식이 필요하다.

여행하라,
다시 돌아오지 않을 것처럼

　우리는 크고 작은 여행들을 체험한다. 출장, 방문, 관광, 훈
련, 탐험, 답사, 골프, 신혼여행, 비즈니스에 이르기까지 목적과
방식은 다양하지만 본질은 같다. '이곳을 벗어남'이다. 여행의
본질은 이동移動이고 미지未知이다. 여기에서 저기로, 저기에
서 또 다른 어디로 건너감이다. 가 보지 않은 곳에 대해 '아직
알 수 없음'이다. 알랭 드 보통은 《여행의 기술》에서 다음과
같이 말한다.

　"인생에서 비행기를 타고 하늘로 올라가는 몇 초보다 더 큰

해방감을 주는 시간은 찾아보기 힘들다."

비행기의 이륙과 함께 나를 옭아매고 있던 모든 사슬을 벗어던지는 순간, 공중으로 솟구쳐 오르는 나를 아무도 잡지 못하는 짜릿한 순간이야말로 인생에서 몇 안 되는 완벽한 자유의 순간이다.

여행은 '이곳에 있는 나를 그곳에 놓음'으로써 시작된다. 일상적인 궤도로부터 일탈이다. 먼 거리든 가까운 거리든, 공인된 것이든 은밀한 것이든, 우리는 일탈로 인해 미래에 발생될 '알 수 없는 무엇'에 강하게 끌린다. 그 끌림이 떠남을 부추긴다. 일탈과 미지, 여행은 두 가지를 전제로 한다.

일탈은 반복적이고 익숙한 일상으로부터 벗어나 낯선 세상으로 입문하는 일이다. 여행을 떠나기 전 우리는 영혼이 메마른 경쟁자들이었다. 과속과 과로, 과음에 지치고 권태와 피로가 우리를 덮치면서 감성은 일찌감치 고갈되었다. 삶은 푸석해졌고 건조한 바람만 불었다. 어디론가 떠나고 싶다는 욕망은 늘 무의식 속에 있지만, 의식을 넘어서지는 못했다.

언제까지 권태의 우물에만 빠져 있을 것인가. 작가 최인호의 말처럼 '떠나라. 당신은 일을 해야 하는 사람이기 이전에 권태와 우울함에 저항할 수 있는 여행자'이지 않은가. 프랑스 시인 샤를 피에르 보들레르는 평생에 걸쳐 항구, 부두, 역, 기차, 배, 호텔에 머물렀다. 그는 자신의 집보다 여행 중에 잠시 쉬어 가는 곳에서 더 편안함을 느꼈다고 한다. 세상이 단조롭다 생각되면 그는 자신의 욕망이 시키는 대로 '어디로라도' 떠났다. 그에게 반복되는 일상이란 감옥이었다. 다음은 삶에 대한 그의 생각이 담긴 글이다.

> "삶은 모든 환자가 자리를 바꾸어야 한다는 강박감에 사로잡힌 병원이다. 이 환자는 난방 장치 앞에서 아프고 싶어 하며, 또 저 환자는 창가에 누워 있으면 나을 거라고 생각한다. 늘 여기가 아닌 곳에서는 잘 살 것 같은 느낌이다. 어딘가로 옮겨 가는 것을 내 영혼은 언제나 환영해 마지않는다."
>
> **알랭 드 보통, 《여행의 기술》, 청미래, 재인용**

중년들의 여행은 어떤가. 일탈과 미지에 충실한가. 사실 잘 모르겠다. 몇몇 지인들의 이야기를 듣다 보면 일탈이라고 보기는 어렵다. 이곳에서의 부대낌은 그곳에서도 지속된다. 여기서 옭아매고 있던 사슬을 거기서도 칭칭 감고 다닌다. 지지고 볶던 일들은 여행지에서도 여전히 지지고 볶인다. 꼭 필요하지도 않은 생활용품들을 가방에 바리바리 싸 가는 것, 호텔에 인터넷이 가능한지 확인하는 것, 팩 소주에 마른안주, 컵라면 따위를 수십 개씩 챙겨 가는 것, 그것은 진정한 일탈이 아니다. 일탈을 가장한 일상이고 공간 이동일 뿐이다.

여행지에서조차 스마트폰에서 눈을 떼지 못하고 통화와 문자 회신에 입과 손이 바쁜 사람, 낯선 문화에 불편함을 참지 못하고 금세 싫증을 느끼는 사람, 길모퉁이 카페보다 대로변 면세점에 더 관심이 많은 사람, 선물 문제로 아내와 투닥거리다 돌아갈 때까지 냉전인 사람, 쉬는 시간 없는 빡빡한 일정에 쫓겨 종일 피곤하기만 한 사람을 과연 진정한 여행자라고 할 수 있을까.

자유, 감동, 전율, 호기심, 평온, 고요, 느림, 게으름, 모험, 경이, 용기, 웃음, 축제, 흥분 등은 여행의 영역에 속하는 요소들이다. 여행은 이 밝고 경쾌한 요소들의 결합으로 충만해진다. 일 걱정, 돈 걱정, 두고 온 자녀들 걱정, 애완견 걱정을 주렁주렁 달고 다니는 여행이 경쾌할 리 없다.

심지어 여행지에서 경쟁을 하는 사람들도 있다. 다른 가족들보다 행복해야 하는 경쟁이다. 정확하게 말하면 남들보다 행복해 '보여야' 하는 경쟁이다. 그들에게 시계탑의 슬픈 전

설과 성당 벽화를 그린 천재 화가의 이름, 공원 벤치에서 만난 노부부의 미소, 이국에서 잡아 보는 아내의 따뜻한 손 등은 중요하지 않다.

여행은 나의 걸음과 호흡을 늦추고 편견과 습관을 내려놓아야 즐길 수 있다. 그렇지 않으면 여행은 하기 싫은 노동과 동일하다. 한 오지 탐험가가 느리게 걷는 원주민 짐꾼에게 빨리 빨리 가자며 화를 내자 원주민 짐꾼이 말했다.

"우리는 이곳까지 제대로 쉬지도 않고 너무 빨리 왔어요. 이제 우리의 영혼이 우리를 따라올 시간을 주기 위해 이곳에서 기다려야 해요."

중년에게 다시 묻는다. 당신은 당신의 여행을 진정 즐기고 있는가?

≧

"여행은 생각의 산파다. 움직이는 비행기나 배나 기차보다 내적인 대화를 쉽게 이끌어 내는 장소는 찾기 힘들다. 우리 눈앞에 보이는 것과 우리 머릿속에서 떠오르는 생각 사이에는 기묘하다고 말할 수 있는 상관관계가 있다. 때때로 큰 생각은 큰 광경을 요구하고, 새로운 생각은 새로운 장소를 요구한다. 다른 경

우리면 멈칫거리기 일쑤인 내적인 사유도 흘러가는 풍경의 도움을 얻으면 술술 진행되어 나간다."

알랭 드 보통, 앞의 책

여행의 전제 조건이 일탈과 미지라면 여행의 완성은 나를 목격하고 성찰하는 일이다. 자신이 속한 사회와 나라가 오랜 세월에 걸쳐 형성되어 왔음을 확인하고, 그 안에서 자기의 존재와 정체성을 찾는 일이다. 니체는 우리에게 이런 여행을 제안한다. '오래된 건물들을 보며 자신이 완전히 우연적이고 자의적인 존재가 아니라, 과거로부터의 상속자이자 꽃이자 열매로 성장해 왔으며, 따라서 자신의 존재는 용서받을 수 있고 또 정당화될 수 있다는 것을 알고 행복을 느끼는' 여행을 하라고 조언한다.

수백 년 전 혹은 수천 년 전부터 이어진 삶의 궤적들이 있다. 왕이었든 노예였든 현실에 부대끼며 살다 간 누군가처럼 내 삶의 궤적 역시 계속해서 이어진다는 것을 알아 가는 여행은 얼마나 고귀한가. 함께 먹고 자고 부대끼며 사는 타인들과 자신의 삶이 어우러져 세상의 한 점, 역사의 한때를 형성한다는 것을 깨닫는 여행은 얼마나 신성한가.

여행지에서 느끼는 작은 생각과 감동은 먹고사는 일에 고통받던 우리에게 재생의 길을 터 준다. 앞만 보고 달리던 우리에게 곁을 내주는 아름다운 풍경들은 과속 방지 턱이 된다. 우리에게 잠시 멈춤을 권유한다. 여행은 그런 것이다. 목적지가 아니라 과정이다. 과정을 중요시하는 여행자는 평소에 몰랐던 새로운 자신과 만나게 된다. 경이로움의 실체는 웅장한 건축물이 아니라 전율에 휩싸인 여행자 자신이다.

중년들은 낯선 세상에 곧잘 두려움을 느낀다. 여행이란 원래 두려운 것이다. 두렵지 않으면 여행이 아니다. 잘 아는 것, 익숙한 것, 편안한 것으로부터 우리를 멀리 떨어뜨려 놓는 것이 여행이다. '발가벗은 채 그곳에 서 있음'이다. 두려움을 피할 수 있는 장소는 여행의 범주에 없다. 그러니 얼마나 설레는 일인가. 이 짜릿한 두려움이란!

"여행을 귀중한 것으로 만드는 것은 바로 두려움이 있기 때문이다. 여행은 우리들의 마음속에 있던 일종의 내면적 무대 장치를 부숴 버리는 것이다. 더 이상 속임수를 쓸 수 없다. 사무실과 작업장에서 일하며 보내는 시간들 뒤에 숨어서 가면을 쓰고 지내는 짓은 더 이상 할 수 없게 되는 것이다."

알베르 카뮈, 《안과 겉》, 책세상

여행 작가 백상현은 말했다.

"색다른 혹성에 불시착한 이방인처럼 낯설지만, 그 낯섦이 마음에 감기는 순간, 여행은 빛을 발하기 시작한다."

이병률 시인은 '여행은 시간을 들이는 일이 아니라, 시간을 벌어 오는 일'이라고 했다. '여행이 백 년 전, 백 년 후로 안내를 하기 때문'이다. 장석주 시인은 '여행이란 우리 안의 낯선 속삭임들, 거기에서 나오는 불가사의한 명령에 따르는 것'이라고 했다.

그렇다. 모든 여행은 일탈인 동시에 미지이고, 끌림이며 떨림이다. 그 끌림과 떨림은 태초에 나그네였던 우리의 오래된 본성을 일깨운다. 물론 여행에 있어 정답은 없다. 다만 자신의 존재가 빠진 듯한 중년들의 여행담을 들을 때마다 안타까웠다. 여행사의 뻔한 일정에 집단 수용된 그들의 일탈 아닌 일탈이 서글펐다. 여행지에서도 가장의 의무에 얽매여 있는 그들의 모습이 애처로웠다.

중년들이여, 어차피 돌아올 여행일지라도 제대로 일탈하자. 뜨겁게 유랑하자. 세상은 그대 앞에 온몸을 드러내고 있지 않은가. 여행은 가슴이 떨릴 때 가는 것이다. 다리가 떨리면 가고 싶어도 못 간다. 그러니 여행하라, 다시 돌아오지 않을 것처럼!

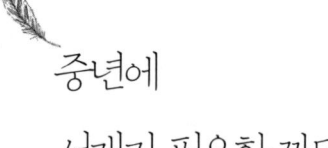

중년에
서재가 필요한 까닭

다음은 조선 시대 지식인들의 서재 이름이다. 정조의 홍재弘
齋, 박지원의 연암산방燕岩山房, 이덕무의 팔분당八分堂, 정약용
의 여유당與猶堂, 김정희의 보담재寶覃齋, 초의의 일로향실一爐香
室, 조희룡의 백이연전전려百二硯田田廬, 윤정현의 삼연재三硯齋.
　서재는 서재 주인의 학문과 사상, 탐독, 사유, 고독이 활동하
는 매우 특별한 장소이다. 조선의 지식인들은 서재에서 살고,
먹고, 상상하고, 여행했다. 서재는 학문에 대한 열정과 창작의
산실이었다. 시대를 고민하고 미래를 탐구하는 세상의 창이

었다. 혼자 있되 고립되지 않는 자신만의 세계가 서재에서 다른 세계와 소통했다.

서재 이름은 앞에서도 알 수 있듯이 주인이 가장 중요하게 여기는 삶의 가치를 담고 있다. 살아 있는 동안 벗어날 수 없는 군주의 책임을 뜻하는 정조의 홍재, 웃음과 해학의 산실인 박지원의 연암산방, 코끼리가 살얼음 위를 걷듯 조심조심 살라는 뜻을 가진 정약용의 여유당, 백두 개의 벼루가 있는 집이라는 뜻을 가진 조희룡의 백이연전전려. 이처럼 서재의 이름은 서재 주인의 삶의 지표와 궤적들을 상징하는 특별한 기호이다.

중년에게 서재는 어떤 의미일까. 장석주 시인은 '우리는 앞을 향해 나가는 존재이므로 나이가 들수록 서재는 인생에서 중요성이 더 커진다'고 말했다. 삶은 수많은 진퇴유곡進退維谷과 오리무중五里霧中으로 이어진 골짜기다. 지나온 골짜기들을 이해했다고 해도 앞으로의 길을 알 수 없고, 안다 해도 그 길이 쉬울 리 없다. 삶 전체가 미지이다. 착오와 실패, 불안과 고통의 적병들은 골짜기 곳곳에 숨어 있다. 서머싯 몸은 '책 읽는 습관을 기르는 것은 인생에서 모든 불행으로부터 스스로를 지킬 피난처를 만드는 것'이라고 했다.

서재는 중년 이후 남은 삶을 어떻게 살 것인가에 대한 모색을 위해 필요하다. 이제부터라도 제대로 된 영혼으로 살기 위해 서재는 필요하다. 미혹에 흔들릴 때 현인들이 들려주는 지혜를 얻기 위해 서재는 필요하다.

움베르토 에코는 '책은 생명 보험이며, 불사不死를 위한 약간의 선금'이라고 말했다. 책은 인생에 닥칠 고난과 고통의 순간에 용기와 지혜를 주는 보장성 보험이다. 물론 한두 권의 책으로는 턱도 없다. 책의 숲 속을 걸어야 한다. 지혜의 샘물과 감동의 꽃들과 철학의 나무들을 만나야 한다.

사람들에게 '요즘 무슨 책 읽으세요?'라고 물으면 대부분 성공이나 재테크, 일과 관련된 책들이라고 답한다. 사실 그런 대답도 아주 드물다. 거의 책을 읽지 않는다고 보는 것이 맞다. 책은 나중에 나이 들어서 한가해질 때나 보는 것이라고 생각한다. 연신 '바쁘다, 바빠'를 외치는 이들에게 책을 들여다볼 시간이 어디 있겠는가. 천부당만부당한 이야기이다.

평소에 책을 읽지 않던 사람이 늙어서 책을 본다는 것 역시 천부당만부당한 이야기이다. 늙으면 체력과 지력, 인내력이 떨어져 책을 읽기가 쉽지 않다. 노년에 독서를 즐기려면 지금부터 책 읽는 습관이 몸에 배어 있어야 한다. 그렇지 않으면 책은 '너무 멀어져 버린 당신'이 된다.

책을 읽는 행위는 단순히 지식을 얻는 데 그치지 않는다. 책을 통해 작가에게 영향을 미친 인물들을 만나기도 하고, 소설 속 인물들을 사랑하기도 미워하기도 한다. 역사 속 위대한 영웅들의 가르침을 받기도 하고, 그들의 절절한 고백을 들어 주기도 한다.

현실에서 경험해 보지 못한 것들을 책을 통해 경험하면서 사고의 깊이와 넓이가 변한다. 가와기타 요시노리는 우리가 책을 통해 얻을 수 있는 것에 대해 다음과 같이 말했다.

"위대한 정복자 나폴레옹 황제와 마주 앉을 수 있다. 아인슈타인의 실험실에도 초대받을 수 있고 빌 게이츠와 점심을 함께할 수도 있다. 독서가 아니면 이처럼 호사로운 경험을 또 어디에서 할 수 있겠는가?"

1, 2만 원 안팎의 돈으로 우리는 세상의 지혜를 살 수 있다. 한 달 술값의 반의반도 안 되는 비용으로 세상의 위인들을 만난다. 이 얼마나 엄청난 혜택인가. 그만큼 책 한 권의 가치는 무한하다.

"서재보다 더 기분 좋은 곳은 없다. 서재 속에는 죽은 사람들이 있다. 그 죽은 사람들은 밤낮 쓰기만 했다. 그들은 오래전부

터 삶의 죄를 속죄하고 있는데, 그들의 인생은 오직 또 다른 사
자死者들의 저서에 의해서 알려질 뿐이다."

장 폴 사르트르, 《문학이란 무엇인가》, 민음사

문학 평론가 김윤식 교수는 자신의 서재를 찾아온 기자에
게 사르트르의 입을 빌려 자신은 '납골당을 지키는 묘지기'라
고 했다.

"서재는 책을 모아 놓은 곳이잖소. 책 쓴 이들은 다 죽고 없
고, 그들이 남겨 놓은 시체가 책이라오. 그러니 책을 많이 쌓아
놓은 곳은 납골당인 게지. 책 하나하나가 시체이고. 책이 살아나
려면 내 몸을 빌려줘야 하니. 나는 그렇게 살아왔소."

정윤희, 《행복한 서재》, 출판저널

노학자에게 서재는 산 자와 죽은 자가 공존하는 장소이다. 누
렇게 변색된 책들이 빼곡히 꽂힌 사진 속 서재는 마치 오래된
언어와 새로운 언어가 햇빛 속에 날아다니고 있는 듯 보인다.

"책을 읽는다는 건 밥을 먹는 것과 같고 숨 쉬는 것과 같고

바람 같고 햇살 같은 거야. 나는 서재에 있으면 전 세계를, 우주를 다 돌아다니는 거야. 시인은 행복해. 새로운 세계를 창조할수 있거든. 욕망이 큰 사람들은 그렇게 하지를 못해. 그런 사람들은 사람의 마음에 감동을 주는 세계를 창조하지 못하거든."

한정원, 《지식인의 서재》, 행성B잎새

김용택 시인의 서재는 자연을 닮았다고 한다. 빛바랜 책 사이사이에 아이들의 시와 그림들이 놓인 서재는 그의 환한 미소의 근원을 알려 준다.

책 이야기라면 정조 때 검서관檢書官을 지낸 서얼 출신의 학자 이덕무를 빼놓을 수 없다. 어느 겨울, 매서운 한파를 피하려 《한서漢書》로 이불을, 《논어》로 병풍을 만들었다는 일화는 유명하다. 그는 자신의 독서를 '햇살과 함께하는 감미로운 책 읽기'라고 했다.

"스무 살 무렵, 내가 살던 집은 몹시 작고 내가 쓰던 방은 더욱 작았다. 그래도 동쪽, 남쪽, 서쪽으로 창이 나 있어 오래도록 녁녁하게 해가 들었다. 어려운 살림에 등잔 기름 걱정을 덜해도 되니 다행스럽기도 했다. 나는 온종일 그 방 안에서 아침, 점심, 저녁으로 상을 옮겨 가며 책을 보았다. 동쪽 창으로 들어온 햇살이 어느새 고개를 돌려 벽을 향하면 펼쳐 놓은 책장에는 설핏 어두운 그림자가 드리워졌다. 그것도 알아채지 못하고 책 속에 빠져 있다가, 갑자기 깨닫게 되면 얼른 남쪽 창가로 책상을 옮겨놓았다. 그러면 다시 얼굴 가득 햇살을 담은 책이 나를 보고 환하게 웃어 주었다."

안소영, 《책만 보는 바보》, 보림

북학파의 일원이었던 이덕무는 유득공, 박제가 등과 함께 청나라에서 유명한 시인이었다. 방에 들어서는 순간 가지런히 꽂힌 책들이 자신에게 일제히 눈길을 주는 것만 같다던 그의 서재는 햇빛과 묵향이 흐르는 그만의 공간, 그만의 우주였을 것이다.
'책 한 권 읽을 시간도 없는데, 서재는 무슨 서재?'라며 손사래를 치는 중년들도 있을 것이다. 시간이 없는 이유는 그만큼 남이 만들어 놓은 기준과 목표에 맞춰 살고 있기 때문이다. 자신의 관점과 정신으로 세상을 살고 있지 않다는 증거다. 자신의 시간을 남에게 넘겨주다 보니 시간이 없는 것은 당연하다.

그러니 '서재는 무슨 서재'라는 말이 나올 수밖에 없다.

서재가 꼭 사다리를 타고 올라가 책을 꺼낼 만큼 높은 책장으로 장식될 필요는 없다. 사방의 벽이 책으로 빼곡하게 채워진 서재라면 더할 나위 없이 좋겠지만, 반드시 그럴 필요는 없다. 돈을 많이 들여 고급스럽게 꾸밀 필요는 더더욱 없다.

가장 좋은 서재는 독서하기 좋은 공간이다. 그러기 위해서는 우선 책 읽기의 적인 텔레비전과 컴퓨터를 치워야 한다. 불가능하다면 텔레비전이나 컴퓨터가 없는 공간에 서재를 만들어야 한다. 독서에 방해가 되는 물건들 대신 독서에 도움이 되는 가구나 물품들을 들여놓아야 한다.

집에 있는 시간이 얼마 되지 않는다고, 평일에는 잠만 잔다고, 주말에는 골프니 등산이니 해서 집에 붙어 있지 않는다고 서재에 강한 거부감을 보이는 중년들이 있다. 책이 지식 자본이라면 서재는 지혜를 생산하는 현장이다. 한 치 앞도 알 수 없는 인생에 귀중한 이정표가 되어 줄 친절한 공간이며 자신만의 세계다. '책은 멀리서 찾아온 벗'이라는 글귀처럼 책이 집에 많을수록, 친밀할수록 자신을 지켜 줄 아군들 역시 많다는 이야기다.

정조의 홍재나 박지원의 연암산방 정도는 아니더라도 자신을 위한 자그마한 공간을 집 안에 만들어 보자. 지성과 감성,

문화의 향기가 물씬 풍기는 서재에서 중년의 반짝이는 시간을 누려 보자. 나이 들수록 빛을 발하는 것은 체력體力도, 재력財力도 아닌 지력知力이다.

천천히 느리게
사색하며 사는 삶

[오늘은 고객님의 신용 카드 결제일입니다.]

[여보, 오늘 일찍 들어올 거지?]

[3시 전략회의 5층 대회의실]

[○○고등학교 동문 ○○○ 딸 결혼]

하루에 수십 건씩 오는 문자 메시지들이다. 지난 20여 년간 디지털 문명은 우리 삶의 방식을 크게 바꾸어 놓았다. 컴퓨터와 스마트폰이 업무를 처리하고, 소통과 의사 결정이 몇 번의

클릭으로 가능해졌으며, 손가락만 까딱해도 주문과 배달이 가능한 세상이 되었다. 디지털 기술의 눈부신 발전은 속도와 효율성의 대가로 우리에게서 시간의 여백을 빼앗아 가 버렸다. 시간이 남아야 하는데 오히려 더 분주해지고 부산해졌다. 왜 그럴까. 윌리엄 파워스는 디지털 도구의 발전으로 인해 우리 삶이 정신없이 바빠졌으며, 그 결과 '시간을 두고 천천히 느끼고 생각하는 방법'을 잃고 말았다고 지적한다.

"디지털 네트워크가 확장될수록 우리의 사고는 외부 지향적이 된다. 자신과 자신을 둘러싼 주변을 돌아보며 '이 안에서' 무슨 일이 일어나는지 살피는 게 아니라 부산한 바깥세상을 내다보며 '저 밖에서' 무슨 일이 일어나는지만 온 신경을 집중하는 것이다. 한때 저 멀리 떨어져 있던 세상에 쉽게 다가갈 수 있게 되자 괜한 의무와 책임 의식만 생겨났다. 클릭 몇 번으로 온 세상을 샅샅이 살펴볼 수 있으니 '꼭' 그래야만 할 것 같은 느낌에 사로잡힌다. 누군가 내 소식을 기다릴 것만 같고 빨리 답장해야 할 것 같다."

윌리엄 파워스, 《속도에서 깊이로》, 21세기북스

세상은 속도전이다. 우리는 보이지 않는 번호표를 달고 매일 아침 경주에 나선다. 누가 먼저 기술을 개발하고, 정보를 입수하고, 승진하고, 목표에 도달하는지가 승패를 좌우한다. 굼뜨는 순간 낙오하게 된다. 조금이라도 꾸물거렸다가는 '저렇게 둔해서 어디다 써먹겠느냐'라며 비난의 화살을 맞는다. 정치, 경제, 스포츠, 생산과 소비뿐 아니라 연애와 섹스마저 가속화를 강조한다. 강한 자가 빠른 자이고, 빠른 자가 승자이다. 과연 이것이 우리가 원하는 삶인가.

몇몇의 지각 있는 이들이 느리게 살자고 한다. 슬로푸드Slow Food를 먹자고 한다. 다니던 회사를 그만두고 시골로 내려가는 용기 있는 중년들도 있다. 그러나 단순히 속도를 줄이는 것만으로는 삶이 개선되지 않는다. 사색이 없는 삶은 과잉 활동의 삶과 동일하기 때문이다.

"속도를 줄이는 것만으로 사물의 존재를 탈바꿈시키지는 못한다. 진짜 문제는 지속되는 것, 긴 것, 느린 것이 멸종의 위기에 처해 있다는 것, 즉 삶에서 완전히 제거되어 간다는 데 있다. 사색적 삶의 형식은 '머뭇거림', '느긋함', '수줍음', '기다림', '자제'처럼 후기 하이데거가 '오직 일만 하는 어리석음'에 맞세운 존재 양식과도 동일한 것이다."

한병철, 《시간의 향기》, 문학과지성사

중년이라면 직장에서 대부분 간부급이거나 회사의 경영자일 터이다. 맡은 일의 책임이 막중하여 지쳐도 지칠 수 없는 자리, 쉬고 싶어도 쉴 수 없는 자리가 그들의 자리다. 성공이 제시하는 속도대로 뛰기 위해 그들은 항상 긴장한다. 혁신적 발상과 꺼지지 않는 열정으로 단단히 무장해야 한다. 더 많은 성과를 더 빨리 거두려면 생각하고 머뭇거릴 시간이 없다. 시간 낭비이고 전력 손실이다.

여가 시간이나 휴가 역시 일에 예속되어 있다. 다시 뛰기 위한 휴식, 더 빨리 뛰기 위한 재충전이다. 그들의 휴식은 늘 업무의 연장선 위에 있다. 그래야만 살아남을 수 있다. 하지만 그 에너지가 언제까지 지속되겠는가. 주변에 보면 에너지 순환에 문제가 생겨 각종 스트레스로 병을 얻거나 갑자기 생을 마감하는 이들이 얼마나 많은가.

✆

브레이크 고장 난 자동차처럼 쉬지도 않고 달려온 대가가 과연 무엇인가. 무엇을 위한 속도이고 누구를 위한 성공이었나. 중년들의 열정을 폄하하는 것은 아니다. 그들의 타는 속을 모르는 바도 아니다. 삶의 속도에 스스로를 소모하다 결국 속도에 질식하는 중년들이 있어 하는 말이다.

우리가 평생 쓸 수 있는 에너지의 총량은 한계가 있다. 중년이 되면 총량도 줄어드는 것이 당연하다. 앞만 보고 숨 가쁘게 달리는 중년에게는 기계적인 열정만 있을 뿐이다. 그들에게는 사색과 사유가 필요하다. 미켈란젤로의 조각도, 모차르트의 선율도, 니체의 철학도 영혼이 활동하는 시간, 느리고 한가로운 시간, 속도 대신 깊이를 사색할 시간이 있었기에 탄생하였다.

프랑스의 철학자인 피에르 쌍소는 느리게 사는 삶의 몇 가지 자세를 다음과 같이 우리에게 권유한다.

- **한가로이 걷기** 여유를 갖고 발길 닿는 대로, 풍경이 이끄는 대로 걷는다.
- **듣기** 마음의 문을 열고 다른 목소리에도 귀를 기울이며 변치 않는 믿음을 보여 준다.
- **권태** 아무것도 사랑하지 말라는 의미가 아니라 사랑의 대상이 무의미하게 느껴질 때까지 끊임없이 받아들이고 음

미하라는 뜻이다.

- **꿈꾸기** 차츰 희미해져 가지만 여전히 주의 깊고 민감한 의식을 내면에 간직한다.
- **기다리기** 넓고 탁 트인 인생의 시야를 확보하기 위해 묵묵히 기다린다.
- **내면의 고향** 시대에 맞지 않는 단역이 되어 버린 우리 존재에서 이미 시들어 버린 부분을 발견하고 회복시킨다.
- **글쓰기** 우리의 진실한 면을 조금씩 되살리기 위해 글을 쓴다.
- **포도주** 매우 훌륭한 지혜의 학교이다.
- **모데라토 칸타빌레**Moderato cantabile 단순한 절제를 넘어서 우아하고 여유롭게 삶을 즐긴다.

피에르 쌍소는 시간을 성급히 다루지 않겠다는 의지, 세상을 넉넉히 받아들이며 인생길에서 자신을 잃지 않는 능력을 키워 가겠다는 의지의 확인이 '느림'이라고 말한다. 더 빠른 박자에 적응하지 못하는 것이 느림이 아니라고 주장한다. 최단기, 초고속의 문명에 익숙해진 우리에게 느림은 두려울 수 있다. 성공의 영역으로 편입되지 못한 루저의 이미지가 떠오를 수도 있다. 속도에 매몰될수록 내면의 소리는 듣지 못한다. 내면이 아닌 외부 환경에 치중할수록 삶은 음정과 박자를 잃고 허우적댄다. 디지털에 빠질수록 영혼은 끊임없는 접속과 연결에 발목 잡힌다.

기술 문명의 세상을 거부하고 당당히 숲으로 망명한 사람이 있다. 바로 헨리 데이비드 소로다.

"나는 숲으로 갔다. 천천히 살며 오직 삶의 본질만 마주하고 삶이 내게 가르쳐 준 것 중에서 배우지 못한 것은 없는지 살펴보기 위해서, 마침내 내가 죽게 되었을 때에야 제대로 살지 않았다는 것을 깨닫지 않기 위해서 나는 숲으로 갔다. 나는 삶의 정수를 빨아들이며 깊이 있는 삶을 살고 싶었다."

헨리 데이비드 소로, 《월든》, 은행나무

삶은 유한하다. 이 명징한 진리를 들추어내는 이유는 중년인 우리에게 주어진 시간이 그리 많지 않기 때문이다. 무엇이든 빨리빨리 속도를 내서 하자는 말은 아니다. 소로의 숲이 아니더라도 가끔은 스마트폰을 내려놓고 사색의 시간을 갖자는 이야기다. 산책을 해도 좋고, 글을 써도 좋다. 직접 요리를 해도 좋고, 길 고양이와 마주 앉아 대화를 나눠도 좋다. 어린아이의 뒤뚱거리는 걸음을 지켜봐도 좋다. 밤하늘의 별을 바라봐도 좋고, 달의 차고 기욺을 헤아려도 좋다. 정신 나간 짓이라 생각한다면 당신은 이미 속도 중독자이다.

세상은 기다림과 머뭇거림, 한가로움과 느린 숨결로 가득차 있다. 쫓고 쫓기는 뉴스에 신경을 곤두세우고 무차별적으로 들이닥치는 문자 메시지에 정신 파는 동안 삶의 남은 시간은 손에 쥔 모래처럼 술술 빠져나간다. 속도로만 치면 느림은 시간 낭비일 수 있지만, 시간 낭비보다 더 큰 낭비는 삶의 낭비다. 정신없이 바쁘게 사는 일상에 사색이나 성찰이 있을 리 없다. 그럴 때 삶의 중요한 가치들은 뿔뿔이 흩어져 버린다.

중년들이여! 이제 어떻게 할 것인가. 지금부터라도 숨을 고르고, 걸음을 늦추고, 천천히 느리게 사색하며 살아 보지 않겠는가.

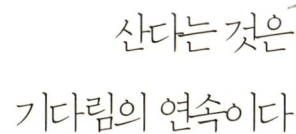

산다는 것은
기다림의 연속이다

사랑하는 여인을 애타게 기다려 본 적이 있다면, 당신은 '기다림'이라는 고뇌의 소용돌이를 이해할 것이다. 지금의 중년들은, 스마트폰 등의 디지털 기기가 발명되기 전, 통신 기기라고는 유선 전화나 삐삐, 편지가 전부였던 시절에 연애를 했을 것이다.

기다림은 만남이 유예된 시간이다. 그 무게는 십 분이든, 한 시간이든 동일하다. 만남이 지연되는 동안 기다리는 쪽은 발이 장소에 묶인 채 욕망의 헛발질만 반복한다. 기다림은 확정이 미정으로 바뀔지 모르는 불안의 연속선상에 있다. 연인을 기다리는 감정은 크게 세 단계로 나뉜다.

첫 번째는 '걱정'의 단계다. 만날 시간이나 장소가 잘못된 것은 아닌지, 잊어버린 것은 아닌지, 오는 길에 무슨 일이 생긴 것은 아닌지 등의 의문을 갖는 단계다. 이때 상대가 나타나면 순순히 받아들이게 된다.

두번째는 '분노'의 단계다. 슬슬 화가 올라오고 상대의 무례와 무성의를 격렬하게 비난하기 시작한다. 나타나기만 하면 한바탕 퍼부을 태세의 단계. 이때의 만남은 낭만적이지 못할 확률이 높다.

세 번째는 '체념'의 단계다. 버려질지도 모른다는 침울함이 고개를 든다. 전화벨만 울리면 자신에게 걸려 온 전화라고 착각한다. 카페 문이 열릴 때마다 약간의 정신 착란 증세가 나타나기도 한다. 이 단계에서 상대가 나타나면 모든 감정의 불순물들은 소멸하고 감사만 남는다. 미소로 상대를 맞이하게 된다. 이렇듯 기다리는 쪽은 항상 약자이거나 패자이다.

중년인 당신은 무엇을 기다리는가. 승진 소식, 월급 인상 또는 성과급, 배우자 몰래 든 적금의 만기, 자녀의 모의고사 성적표, 탈모 신약 개발, 신형 자동차 출시, 건강 검진 결과, 해외여행 간 아내 등 기다리는 것은 무수히 많다. 기다림은 행위다. 기다리는 대상은 기다림의 행위에서 비켜나 있다. 따라서 기다림은 고독의 영역이다.

롤랑 바르트는 저서 《사랑의 단상》에서 기다리게 하는 것은 모든 권력의 변함없는 특권이자 인류의 오래된 소일거리라고 설명한다.

"만약 내가 은행 창구나 비행기 탑승대에서 기다리고 있다 한다면, 나는 이내 은행원이나 스튜어디스와 호전적인 관계를 맺게 된다. 그들의 무관심이 나의 예속 상태를 노출시키며 자극하기 때문이다. 따라서 기다림이 있는 곳이라면 어디든지 전이가 있다고 말할 수 있을 것이다. 타인과 공유해야 하며, 또 내 욕망을 떨어뜨리거나 내 욕구를 진력나게 하려는 것처럼 자신을 내맡기는 데 시간이 걸리는 한 현존에 나는 예속되어 있는 것이다."

롤랑 바르트, 《사랑의 단상》, 동문선

확실히 기다리게 하는 쪽은 기다리는 쪽보다 우위에 있다. 기다림에는 인내가 필요하다. 부재중인 대상을 불러오기 위해 기다림은 필수다. 기대나 희망을 갖는 것은 유예된 시간 안에 가능성을 잡아 두는 일이다. 이 무수한 가능성이 모여 삶을 이룬다. 삶이 쓸쓸한 이유는 이런 가능성이 '불가不可'로 끝날 때가 많아서다.

중년들이 지갑 속에 로또를 넣고 다니는 것도, 배우자 몰래 비상금을 숨기는 것도 현실 속에서 이상을 실현하고 싶은 욕망에서다. 그것은 그들이 추구하는 유토피아이고 작은 독립이다. 비록 명백히 비현실적이거나 왜곡된 이상이라 하더라도 그들은 그 자체로 의미를 둔다. 집 나간 강아지, 어학연수 간 딸, 군대 간 아들, 자신을 위로해 줄 누군가도 현존하지 않기에 기다린다. 비로소 자신에게 왔을 때 따뜻하고 감각적인 접촉, 낭만적인 합일을 기대하기에 기다릴 수 있다.

돈, 명성, 권력도 마찬가지다. 그것으로 인해 존경과 사랑을 받을 수 있기에 지금은 당장 없더라도 끊임없이 기다린다.

김주영의 소설《홍어》는 바람난 아버지를 무작정 기다리는 어머니를 소년의 감성으로 쓴 성장 소설이다. 이른 새벽, 산골 마을에 거위 털 같은 함박눈이 내리는 것으로 소설은 시작된다. 시야를 가리며 내리는 눈발은 기다림의 의식인 동시에 나비들의 춤처럼 어디론가 떠나야 할 자유를 상징한다.

"어머니의 오랜 기다림은 슬퍼서 아름다운 것이었고, 좌절과 희생, 권태와 기대, 그리고 때로는 설레는 희열과 어둡고 답답한 환멸과 울적함까지도 모두 버리지 않고 껴안은 섬뜩한 애증이었다. 어쩌면 나보다 더 애타게 눈 내리기를 기다리고 있는 것도 어머니가 가진 그 환멸과 모순 덩어리의 사랑을 속속들이 표백당하는 단련을 통해 어디엔가 도달하고 싶은 소망 때문인지도 몰랐다."

김주영, 《홍어》, 문학동네

5년 만에 아버지가 돌아오지만, 어머니는 그동안 남편으로부터 외면당한 모멸감을 단번에 털어 내듯 이튿날 아버지를 떠난다. 어머니의 기다림은 아버지를 떠나기 위함이었고, 고립과 고독 속에서 삶의 정처를 회복하기 위한 마지막 선택이었다.

'기다림은 만남이 목적이 아니어도 좋다'고 한 서정윤 시인의 시처럼 기다림은 기다리는 것 자체가 목적일 수 있다. 다음의 일화를 보자.

중국의 한 선비가 사랑한 기녀가 있었다. 기녀는 선비에게 "선비님께서 만약 제 집 창문 아래의 의자에 앉아 백 일 밤을 기다리며 지새운다면 저는 선비님 사람이 되겠어요"라고 했다. 선비는 아흔아홉 번째 되던 날 밤 자리에서 일어나 의자를 팔에 끼고 그곳을 떠났다.

우리가 살아갈 수 있는 힘은 기다리는 대상 때문이 아니라 끝나지 않는 '기다림' 때문이 아닐까. 당신은 무엇을 기다리는가. 기다리는 것이 무엇이든 당신은 기다림의 시간을 기꺼이 지나갈 준비가 되어 있는가. 그렇다면 당신은 이미 그것에 가까이 다가가 있다. 인생은 짧고 긴 기다림의 연속이므로.

메멘토 모리,
죽음을 기억하는 삶

프랜시스 톰프슨은 말했다.

"우리는 모두 타인의 고통 속에 태어나고, 자신의 고통 속에 죽어 간다."

마틴 에이미스는 말했다.

"죽음, 그것은 삶이라는 임시직 후에 찾아오는 상근직이다."

존 던은 설교에서 말했다.

"우리는 모두 좁은 감옥에서 잉태되고, 인생은 죽음이라는 처형대를 향해 가는 과정에 불과하다."

소노 아야코는 말했다.

"죽음은 삶의 진가를 깨우쳐 주는 소금이다."

우리 모두는 언젠가 죽는다. 이 사실은 부정할 수 없다. 인간이 지구 상에 등장한 25만 년 전부터 수백억 명이 살고 죽었다. 지금 살고 있는 72억 명도 마찬가지다. 하이데거의 말처럼 '죽음을 향해 가는' 우리는 언젠가는 이별을 고해야 하는 유한한 존재이다.

죽음은 불시에 찾아온다. 예고 없는 종결이다. 그렇기에 삶은 언제나 미결인 채로 끝이 난다. 죽음은 살면서 누렸던 모든 것들과의 단절이다. 슬프고 두렵다. 그러나 다가오는 죽음 앞에서 우리는 죽음을 잊고 산다. 죽지 않을 것처럼 매일을 산다. 반복적이고 기계적인 생활로 인해 너무 바빠 죽음을 생각할 여유조차 없다. 우리가 평소에 접하는 죽음이란 문상을 가거나 생명 보험에 가입할 때, 상속 절차를 밟을 때이다.

대체로 남성은 여성보다 일찍 죽는다. 평균 수명이 남성은 77세, 여성은 84세다. 평균적으로 여성은 7년 동안 남편 없이 산다는 이야기다. 100세가 넘는 장수 비율도 여성이 남성보다 12배나 높다. 세계의 100세 이상인 인구의 90퍼센트가 여성이다. 2011년도의 통계청 자료이니 지금은 격차가 더 벌어졌을 수 있다.

왜 그럴까. 남성의 사회 활동이 여성보다 더 많은 위험에 노출되어 있어서 사건 사고로 인한 사망 확률이 높은 것이다. 예를 들면 군인, 선원, 소방관, 경찰관, 건설 노동자 등이다. 모두 산업 재해나 사고 위험이 높은 직업군들이다.

남성들의 성향도 영향을 미친다. 공격적이고 충동적이며 난폭한 행동들이 화를 부른다. 특히 남성은 여성보다 테스토스테론의 농도가 훨씬 높아서 심혈관 질환에 더 취약하다. 테스토스테론은 심장 질환이나 뇌졸중을 유발하는 주범이다. 음주나 흡연, 스트레스 등도 암을 유발하거나 수명을 단축시킨다. 그러니 홀아비보다 홀어미가 더 많은 것은 당연하다.

위의 통계 수치를 보는 중년은 심기가 불편할 수 있다. 남 이야기가 아니다. 언젠가 자기 역시 통계치에 포함될 것이라 생각하니 갑자기 울적해진다. 그러면서 다음의 생각들을 하게 된다.

'삶과 죽음이 저렇게 단순한 셈의 일부였던가.'

'나를 먼저 저세상으로 보내고 마누라 혼자 7년 동안이나 건재할 거라니! 그것도 내가 평생 일해 번 돈으로. 이건 너무 불공정하고 불평등하며 불합리한 처사다.'

'자식 놈들은 또 어떤가. 나를 돈 버는 머슴으로만 생각했지,

언제 나에게 관심 한번 보여 준 적이 있었나.'

영정 사진 속에서 희미하게 웃고 있는 자신의 얼굴이 떠올라 눈물이 왈칵 솟는다. 그러면서 다음 장면을 상상한다.

'문상객들은 내 앞에서 절을 올리고는 눈길 한 번 주지 않고 식당으로 향한다. 장례식장에 삼삼오오 모여 앉은 이들이 서로의 안부와 연봉을 묻는다. 은퇴 후를 걱정한다. 오늘의 주인공은 자신인데, 자신에 대한 이야기는 없고 모두 자기들 먹고사는 이야기뿐이다. 이 세상 사람이 아니기에 대화에 끼지도 못한다. 그저 한쪽 벽에 애처롭게 걸려 있다. 분하고 억울해서 참을 수가 없다. 당장 관 뚜껑을 열고 뛰쳐나가고 싶다.'

"술, 담배, 과로의 일상을 거듭해 가며 사회의 모순과 비리, 억누름과 억눌림을 번갈아 겪어 가며 살았을 것이다. 그러다가 병이 걸렸든지, 무슨 사고를 당했든지 해서 죽었고, 죽어서 한 줌의 재나 한 움큼의 흙이 되었을 것이다. 그리고 그들의 생애는, 구석기 시대 이후로 수렵과 약탈로 처자식을 먹여 살려야 했던 수많은 남성들의 운명과 크게 다르지 않았을 것이다."

김훈, 《밥벌이의 지겨움》, 생각의나무

통계치로 보면 죽음은 보편적인 자연 현상으로 볼 수 있다. 그럼에도 각각의 죽음은 개별적인 고통 속에 있다. 어느 날 갑자기 불치병 선고를 받기도 하고, 예기치 못한 사고를 당하기도 한다. 전쟁이나 테러의 희생양이 될 수도 있고, 재난이나 재해에서 구조되지 못해 끝내 돌아오지 못하기도 한다.

우리는 어떤 죽음을 원하는가. 대부분의 사람들이 원하는 죽음은 자연사이다. 천수를 누리다가 고통 없이 죽는 것이다. 2012년 통계청 자료에 따르면 사망 원인은 암, 당뇨, 고혈압, 심장 질환, 폐렴 등의 질병 요인과 사고나 자살, 타살 등의 외부 요인들이었다. 순수한 자연사는 고작 20퍼센트에 불과하다.

자연사가 그만큼 어렵다는 이야기다. 그렇다고 포기할 일은 아니다. 죽음을 피할 수는 없지만, 몸에 좋은 음식을 먹거나 꾸준한 운동을 통해 죽음에 저항할 수도 있고 유예할 수도 있다.

중년들이 건강 검진을 두려워하는 이유는 혹시 죽음의 일부가 몸 안에 또아리를 틀고 있을까 걱정되기 때문이다. 그러다 동창들의 부음 소식이라도 들으면 크게 충격받는다. 언젠가 자신도 죽음의 공격에 속수무책으로 당할 것이라 생각하니 겁이 날 수밖에 없다.

죽음도 삶의 영역에 속해 있다. 맨 처음 우리의 심장이 뛸 때, 비좁은 액체 주머니에서 나와 처음 공기를 흡입하며 첫울음을 터뜨릴 때, 그때부터 이미 죽음을 내장하고 있지 않은가.

"난 내가 조금씩 조금씩 산을 내려오는 것도 모르고 산 정상을 향해 나아간다고 믿고 있었던 거야. 정말 그랬어. 세상 사람들이 보기엔 산을 오르는 것이었지만, 실은 정확히 그만큼씩 내 발밑에서 진짜 삶은 멀어져 가고 있었던 거자…… 그래, 이제 다 끝났어. 죽는 일만 남은 거야!"

레프 톨스토이, 《이반 일리치의 죽음》, 펭귄클래식코리아

이반 일리치는 죽음을 목전에 두고 자신의 삶을 돌아본다. 뜻하지 않은 결혼, 환멸, 성욕, 위선, 돈을 좇다 지나간 시간들, 생명력이 사라지는 삶을 살아온 것에 통한의 눈물을 흘린다. 결국 죽음을 향해 달려온 자신의 삶이 허망하게 무너져 내림을 죽음을 통해 깨닫는다. 죽음으로 삶을 이야기한다.

죽음이 두려운 이유는 모든 것을 잃는다는 공포감 때문이다. 죽음은 그 자체로 자신을 태어나기 이전으로 회귀시킨다. 생명이 있는 모든 것들에게 적용되는 자연의 종결식이다. 죽음이 있어 삶은 진정 의미가 있다. 나폴레옹이나 이순신 장군이 지금도 살아 있다면 과연 우리는 계속해서 존경할 것인가.

메멘토 모리Memento mori!(죽음을 기억하라!) 죽음은 외면하거나 부정할 대상이 아니라 적극적으로 대면해야 할 대상이다. 살아 있는 순간들을 기쁨으로 빛나게 할 조력자이다. 당신이 머뭇머뭇하는 사이에 죽음은 온다.

영국의 찰스 2세는 자신의 죽음을 앞두고 다음과 같이 말했다.

"지금이 죽기에 참으로 마땅치 않은 시기인 것을 알지만, 아무쪼록 양해해 주기를 바란다."

허버트 조지 웰스는 다음과 같이 말했다.

"빌어먹을, 내가 이럴 거라고 했잖아."

인디언 추장인 까마귀발은 죽어 가면서 말했다.

"조금 뒤면 나는 떠난다. 어디로 가는지 나도 모른다. 우리는 모르는 곳에서 와서 모르는 곳으로 간다. 삶은 무엇인가? 밤중에 빛나는 개똥벌레 불빛이다. 겨울에 내쉬는 버팔로의 숨결이다. 풀밭을 가로질러 움직이다가 해 질 녘에 사라지고 마는 작은 그림자이다."

우리보다 먼저 살다간 이들의 마지막 유언이다. 당신은 이승을 떠나면서 마지막으로 어떤 말을 남길 것인가.

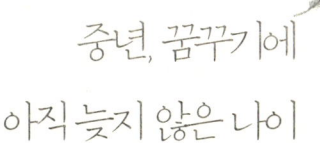

중년, 꿈꾸기에
아직 늦지 않은 나이

남자는 고래처럼 살아야 한다고 생각했다. 바다의 권력자, 모든 바다 생물들의 왕, 거대하고 웅장한 힘과 유연함, 지혜를 고루 갖춘 고래처럼 세상을 살아야 진정한 남자라고 생각했다. 아버지의 아버지도, 그 아버지의 아버지도 남자는 그래야 한다고 배웠을 것이다. 울어서도 안 되고, 감정을 드러내서도 안 되고, 남한테 져서도 안 된다고.

배고픔을 잊고 죽어라 공부했고, 어떤 고난이 닥쳐도 눈물을 보이지 않았다. 전쟁이 끝나고 아버지가 일으켜 놓은 나라를 불과 몇 년 사이에 세계 경제 대국으로 만들어 놓았다. 매일같이 새벽 별을 보며 출근해 밤이슬을 맞으며 퇴근했다. 무한 경쟁의 시대, 더 빨리 더 많이 생산하기 위해 죽기 살기로 달려들었다. 죽이지 않으면 내가 죽는 잔인한 세상에서 용케 살아남는 법도 하나씩 배웠다. 상사의 명령에 무조건 복종했고, 회사를 위해서는 어떤 궂은일도 마다하지 않았다. 때로는 비굴하고 치사해서 울화통이 터졌지만, 가족들의 얼굴을 떠올리며 견뎠다.

그럼에도 가족들은 일밖에 모른다며 불평이 많았다. 가족들은 힘들게 벌어다 주는 돈으로 밥을 먹고, 학교를 가고, 유학을 가고, 여행을 떠났다. 그러다 IMF로 나라가 거덜 났고, 수많은 동료들이 일을 잃고, 집을 잃고, 가족을 잃었다.

그때도 우리의 목은 다행스럽게 가까스로 붙어 있었다. 행복하고 감사했다. 삶은 다시 이어져 아파트를 장만했고, 자동차를 샀고, 골프채도 구입했다. 가난했던 시절에 비하면 지금은 초호화 생활이다. 그런데 어딘가 공허하고 쓸쓸하다. 가슴에서 무언가 우르르 빠져나간 느낌이다. 우리가 꿈꾸던 고래는 어디로 갔을까.

"그는 속이 텅 빈 공룡 같은 존재이다. 다시 아침이 오면 그는 불안하게 신틀메를 고쳐 신고 '밥벌이'를 위해 세상 속으로 나갈 것이다. 그의 권력은 해체됐으나 그의 의무와 책임은 오히려 무한 강조되고 있기 때문이다. 그는 아무도 알아주지 않는 습관적인 헛기침을 날리면서, 그것으로 불안한 앞날을 짐짓 가리면서, 오늘 아침에도 저기 가열차고 불확실한 골목을 걸어 나가고 있다. 어떤 이는 그를 아버지라고 부르고 또 어떤 이는 그를 이 시대의 남편이라 부른다. 도매금으로 쳐서 낡고 고집불통이고, 그래서 명청한 '기성세대'라고 부르기도 한다."

박범신, 《남자들, 쓸쓸하다》, 푸른숲

신해철의 〈민물 장어의 꿈〉을 들으며 나는 고래가 아니었음을 깨닫는다. 잘리고 깎인 몸을 들여다보며, 뒤틀리고 상처받은 영혼을 보며 내가 꿈꾸던 바다는 한 번도 도달해 보지 못한 곳임을 깨닫는다. 그의 노래처럼 더 자를 것도, 더 깎일 것도 없는데 알량한 자존심 하나만이 남아 지치고 힘든 나를 달래 준다.

중년, 참 쓸쓸한 나이다. 수십 년을 가동하고 멈추어 선 기계처럼 낡음과 퇴락이 느껴진다. 무엇이든 할 수 있었던 자신감이 두려움과 불안함으로 쪼그라든다. 평생을 먹여 살린 가족들로부터 점점 소외되고 낯설어진다. 큰소리를 치지도 못하고 소주만 들이킨다. 나날이 강해지는 우먼 파워에 자꾸만 억울하다는 생각이 들기도 한다.

그러나 중년은 분명 다시 일어나야 하는 나이다. 그럴 수 있는 나이다. 비록 지금까지는 민물 장어처럼 살아왔지만, 자기 안에 숨겨 두었던 고래의 꿈을 다시 꾸어야 한다. 더 이상 잃을 것도 없으니 비좁은 민물에서 벗어나 망망대해를 향해 헤엄쳐야 한다. 아버지이기 전에, 남편이기 전에, 고귀한 한 인간이었음을 깨달아야 한다.

이제는 마음 놓고 울어도 되며, 약한 내면을 감추지 않아도 된다. 강한 남자의 가면을 벗어도 된다. 세상의 속도와 생산성에 밀려 이루지 못한 것들을 당당하게 찾아 나서도 된다. 그동안 방치해 두었던 용기를 끌어올려야 한다. 아직 남아 있는 불씨를 찾아야 한다. 잃어버린 꿈을 되찾아야 한다.

서른 장의 고개를 어렵게 넘어왔다. 이 책을 읽고 있는 당신과도 이제 이별할 순간이다. 중년인 당신을 가르치거나 다그치거나 바꾸려는 의도는 추호도 없음을 밝힌다. 그래 봐야 소용없음을 알기 때문이다.

다만 중년이라는 '골든 타임'은 후회 없이 즐기라고 권하고 싶다. 신은 우리에게 그리 친절하지도 너그럽지도 않다. 하루하루 매 순간순간이 금쪽같은 시간이다. 속수무책으로 지나가버리는 시간이 언제 당신에게 종말을 고할지 모른다. 언젠가는 세상을 떠나야 할 순간이 오며, 지금 우리는 점점 그 순간에 다가가고 있다. 겁먹거나 우울해할 일은 아니다. 이별과 상실, 슬픔은 남아 있는 사람들의 몫이다.

중년인 당신, 이제 책을 덮고 가만히 거울을 들여다보자. 무엇이 보이는가. 당신이 꿈꾸던 거대한 고래가 보이는가.

- 김광규, 《대장간의 유혹》, 미래사

- 김영민, 《사랑, 그 환상의 불매》, 마음산책

- 김정운, 《나는 아내와의 결혼을 후회한다》, 21세기북스

- 김정운, 《남자의 물건》, 21세기북스

- 김정현, 《아버지》, 황금물고기

- 김주영, 《홍어》, 문학동네

- 김찬호, 《돈의 인문학》, 문학과지성사

- 김형경, 《남자를 위하여》, 창비

- 김훈, 《너는 어느 쪽이냐고 묻는 말들에 대하여》, 생각의나무

- 김훈, 《밥벌이의 지겨움》, 생각의나무

- 김훈, 《자전거 여행 1, 2》, 문학동네

- 김훈, 《풍경과 상처》, 문학동네

- 김훈 외, 《화장》, 문학사상

- 마종기, 《당신을 부르며 살았다》, 비채

- 문태준, 《느림보 마음》, 마음의숲

- 박범신,《남자들, 쓸쓸하다》, 푸른숲

- 박범신,《소금》, 한겨레출판

- 박철상,《서재에 살다》, 문학동네

- 법정,《무소유》, 범우사

- 안소영,《책만 보는 바보》, 보림

- 안치용,《50대 인문학》, 내일을여는책

- 유영만,《체인지》, 위너스북

- 이문희·박정민,《남자의 공간》, 21세기북스

- 이왕주,《철학, 영화를 캐스팅하다》, 효형출판

- 이왕주,《쾌락의 옹호》, 문학과지성사

- 이준일,《13가지 죽음》, 지식프레임

- 장석주,《일상의 인문학》, 민음사

- 장석주,《마흔의 서재》, 한빛비즈

- 정윤희,《행복한 서재》, 출판저널

- 정호승,《외로우니까 사람이다》, 열림원

- 최인호,《나는 바람처럼 자유롭다》, 프라하

- 한병철,《피로사회》, 문학과지성사

- 한병철,《시간의 향기》, 문학과지성사

- 한정원,《지식인의 서재》, 행성B잎새

- 가와기타 요시노리,《마흔 살의 철학》, 토네이도

- 가와기타 요시노리,《중년수업》, 위즈덤 하우스

- 더글라스 케네디, 《빅 픽처》, 밝은세상

- 데이비드 베인브리지, 《중년의 발견》, 청림출판

- 레프 톨스토이, 《이반 일리치의 죽음》, 펭귄클래식코리아

- 롤랑 바르트, 《사랑의 단상》, 동문선

- 루안 브리젠딘, 《남자의 뇌, 남자의 발견》, 리더스북

- 루이즈 디살보, 《위기의 아내는 무엇으로 사랑하는가》, 산해

- 리처드 보드, 《넓고 넓은 바닷가에》, 석필

- 베르나르 베르베르, 《베르나르 베르베르의 상상력 사전》, 열린책들

- 베르트랑 베르줄리, 《무거움과 가벼움에 관한 철학》, 개마고원

- 브룩스 팔머, 《잡동사니로부터의 자유》, 초록물고기

- 비요른 쥐프케, 《남자 심리지도》, 쌤앤파커스

- 빈센트 반 고흐, 《반 고흐, 영혼의 편지》, 예담

- 서머싯 몸, 《달과 6펜스》, 민음사

- 세르주 에페즈, 《실수 없이 제대로 사랑할 수 있을까?》, 황소걸음

- 소노 아야코, 《마흔 이후》, 리수

- E.F. 슈마허 외, 《자발적 가난》, 그물코

- 신디 메스턴·데이비드 버스, 《여자가 섹스를 하는 237가지 이유》, 사이언스북스

- 알랭 드 보통, 《여행의 기술》, 청미래

- 알랭 드 보통, 《일의 기쁨과 슬픔》, 은행나무

- 알렉산드로 바리코, 《비단》, 새물결

- 알베르 카뮈, 《안과 겉》, 책세상

- 앨런 피즈·바버라 피즈,《말을 듣지 않는 남자 지도를 읽지 못하는 여자》, 김영사

- 에바 일루즈,《사랑은 왜 아픈가》, 돌베개

- 오기 오가스·사이 가담,《포르노 보는 남자, 로맨스 읽는 여자》, 웅진지식하우스

- 요한 볼프강 폰 괴테,《파우스트 1, 2》, 민음사

- 우에노 지즈코,《독신의 오후》, 현실문화연구

- 울리히 벡·엘리자베트 벡-게른스하임,《사랑은 지독한 혼란》, 새물결

- 울리히 슈나벨,《휴식》, 걷는나무

- 울프 포샤르트,《외로움의 즐거움》, 한얼미디어

- 움베르토 에코,《책으로 천년을 사는 방법》, 열린책들

- 윌리엄 파워스,《속도에서 깊이로》, 21세기북스

- 장 클로드 카프만,《여자의 가방》, 시공사

- 장 폴 사르트르,《문학이란 무엇인가》, 민음사

- 제임스 아서 레이,《인생에서 버릴 것과 움켜쥘 것들》, 엘도라도

- 존 스타인벡,《분노의 포도 1, 2》, 민음사

- 콘스탄체 뢰플러·베아테 바그너·만프레트 볼퍼스도르프,《남자 죽기로 결심하다》, 시공사

- 크리스토프 바우젠바인,《축구란 무엇인가》, 민음인

- 키케로,《노년에 관하여 우정에 관하여》, 숲

- 헤르만 에만,《남자를 두렵게 하는 것들》, 해토

- 헨리 데이비드 소로,《월든》, 은행나무

- 헬렌 니어링·스코트 니어링,《조화로운 삶》, 보리

마흔,
두번째
스무살을
준비하다

초판 1쇄 인쇄 2015년 10월 12일
초판 1쇄 발행 2015년 10월 19일

지은이 이현숙

펴낸이 박세현
펴낸곳 팬덤북스

기획위원 김정대·김종선·김옥림
편집 김종훈·이선희
디자인 강진영
영업 전창열

주소 (우)03966 서울시 마포구 성산로 144 교홍빌딩 305호
전화 070-8821-4312 ┃ **팩스** 02-6008-4318
이메일 fandombooks@naver.com
블로그 http://blog.naver.com/fandombooks

등록번호 제25100-2010-154호

ISBN 979-11-86404-28-7 13320